KB053303

일상생활 베트남 여행 회화 365

TRAVEL VIETNAMESE

Cách thể hiện thông thường

여행을 할 때 그 나라 말을 조금이라도 익히고 가면 거기에서의 여행은 더욱 소중한 추억을 제공할 것입니다. 그 나라의 인사말 정도만 알아도 상대는 미소를 띠며 기꺼이 대화에 응해줄 것입니다. 우선 여행을 가기 전에 본서에 있는 짧고 간단한 표현은 반드시 암기해 두십시오. 그리고 외국에 가서 용기를 내어 외국인에게 직접 말을 걸어 보십시오. 분명히 여행은 한층 더 즐거워질 것입니다.

★ **안녕하세요.**	Xin chào. 신 짜오
★ **안녕하세요.**	Xin chào anh(chị). 신 짜오 아잉(찌)
★ **안녕하세요.**	Chào anh(chị). 짜오 아잉(찌)
★ **안녕히 가(계)세요.**	Chào tạm biệt. 짜오 땀 비엣
★ **안녕히 주무세요.**	Chúc ngủ ngon. 쭉 응우 응온
★ **내일 봅시다.**	Hẹn gặp lại bạn ngày mai. 헨 갑 라이 반 응아이 마이
★ **감사합니다.**	Cảm ơn. 깜 언

★ 예. / 아니오.	Vâng. / Không. 벙 / 콩
★ 미안합니다.	Xin lỗi. 신 로이
★ 천만에요.	Không có gì. 콩 꼬 지
★ 실례 많았습니다.	Xin lỗi đã làm phiền. 신 로이 다 람 피엔
★ 괜찮습니까?	Không sao chứ? 콩 싸오 쯔
★ 괜찮습니다.	Không sao. / Không vấn đề gì cả. 콩 싸오 / 콩 번 데 지 까
★ 베트남어는 모릅니다.	Tôi không biết tiếng Việt. 또이 콩 비엣 띠엥 비엣
★ ~은 어디입니까?	~ ở đâu? ~ 어 더우?
★ 이걸 주세요.	Cho tôi cái này. 쪼 또이 까이 나이
★ 얼마입니까?	Bao nhiêu tiền? 바오 니에우 띠엔

일상생활 베트남 여행회화 365

저　자 FL4U컨텐츠
발행인 고본화
발　행 탑메이드북
교재 제작·공급처 반석출판사
2024년 1월 20일 개정 2쇄 인쇄
2024년 1월 25일 개정 2쇄 발행
반석출판사 | www.bansok.co.kr
이메일 | bansok@bansok.co.kr
블로그 | blog.naver.com/bansokbooks

07547 서울시 강서구 양천로 583, B동 1007호
(서울시 강서구 염창동 240-21번지 우림블루나인 비즈니스센터 B동 1007호)
대표전화 02) 2093-3399　　**팩　스** 02) 2093-3393
출 판 부 02) 2093-3395　　**영업부** 02) 2093-3396
등록번호 제315-2008-000033호

ISBN 978-89-7172-960-1 (13790)

무조건
따라하면
통하는
일상생활
베트남
여행
회화
365

머리말

단체로 해외여행을 가면 현지 사정에 밝은 가이드가 안내와 통역을 해주기 때문에 말이 통하지 않아 생기는 불편함은 별로 없습니다. 하지만, 외국인을 직접 만나서 대화를 하거나 물건을 구입할 때에는 회화가 절대적으로 필요하며, 여행지에서의 원활한 의사소통은 여행을 한층 즐겁게 해줄 것입니다. 이 책은 여행자의 필수 휴대품이 될 수 있도록 크게 두 가지로 분류하였습니다.

여행 베트남어를 위한 워밍업: 여행지에서 빈번하게 쓸 수 있는 표현으로 베트남어 발음에서 인사, 응답, 질문, 감사, 사과 표현 등으로 꾸며져 있으며, 해외여행자라면 반드시 익혀두어야 할 기본회화입니다.

장면별 회화: 출입국부터 숙박, 식사, 교통, 관광, 쇼핑, 방문 · 전화 · 우편, 트러블, 귀국까지 여행자가 부딪칠 수 있는 상황을 여행 순서에 맞게 설정하였습니다.

일러두기

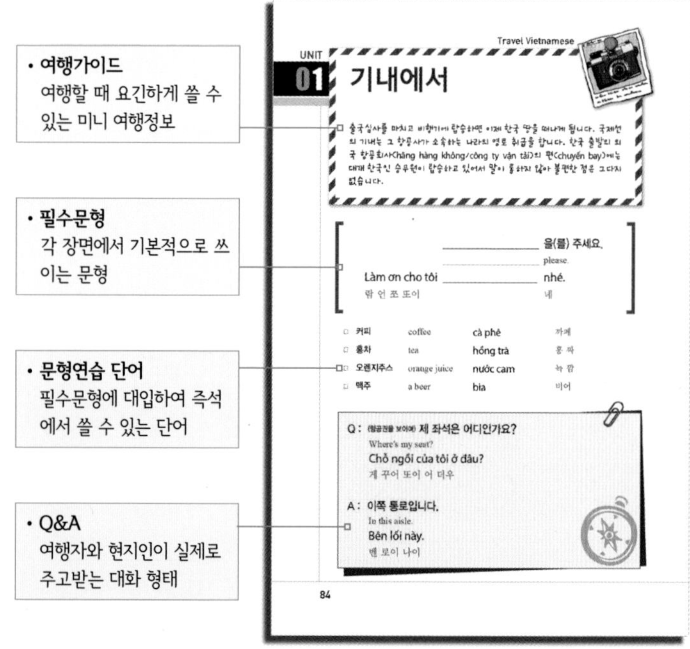

이 책의 특징

❶ 베트남으로 여행, 출장, 방문을 할 때 현지에서 유용하게 사용할 수 있도록 간단한 회화만을 엄선하여 사전식으로 구성하였습니다.

❷ 베트남어를 잘 모르더라도 즉석에서 활용이 가능하도록 우리말을 먼저 두고 발음은 가능한 한 원음에 충실하도록 한글로 표기하였습니다.

❸ 영어는 세계 공용어로 어디서나 통할 수 있는 의사전달의 수단입니다. 베트남어가 잘 되지 않을 때는 영어를 사용하는 것도 말이 통하지 않아 난처한 상황을 벗어날 수 있는 좋은 기회입니다.

❹ 각 장면별로 현지에서 필요한 여행정보를 두어 여행가이드의 역할을 충분히 할 수 있도록 배려하였습니다.

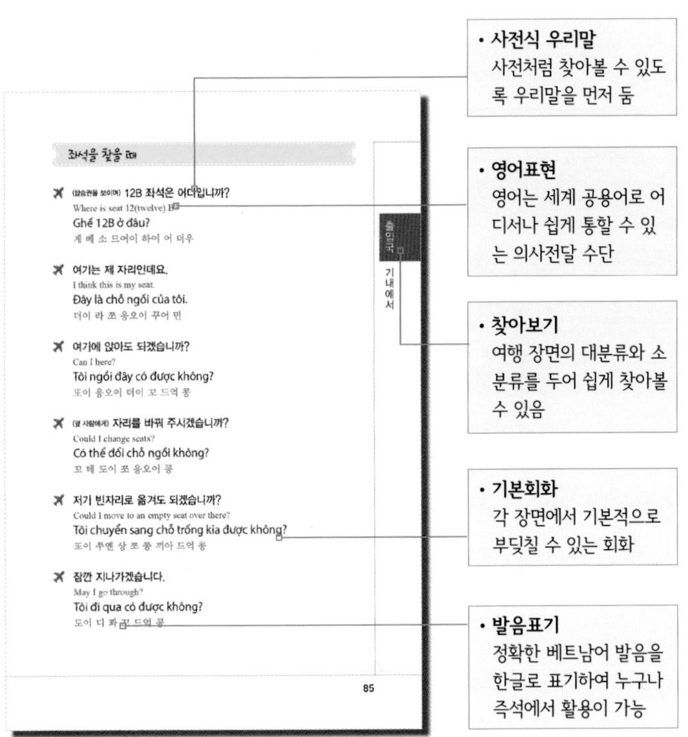

좌석을 찾을 때

(탑승권을 보이며) 12B 좌석은 어디입니까?
Where is seat 12(twelve) B?
Ghế 12B ở đâu?
게 베 소 므어이 하이 어 더우

여기는 제 자리인데요.
I think this is my seat.
Đây là chỗ ngồi của tôi.
더이 라 쪼 응오이 꾸어 또이

여기에 앉아도 되겠습니까?
Can I here?
Tôi ngồi đây có được không?
또이 응오이 더이 꼬 드억 콩

(옆 사람에게) 자리를 바꿔 주시겠습니까?
Could I change seats?
Có thể đổi chỗ ngồi không?
꼬 테 도이 쪼 응오이 콩

저기 빈자리로 옮겨도 되겠습니까?
Could I move to an empty seat over there?
Tôi chuyển sang chỗ trống kia được không?
또이 쭈옌 상 쪼 쫑 끼아 드억 콩

잠깐 지나가겠습니다.
May I go through?
Tôi đi qua có được không?
또이 디 꽈 꼬 드억 콩

출입국 기내에서

85

• 사전식 우리말
사전처럼 찾아볼 수 있도록 우리말을 먼저 둠
• 영어표현
영어는 세계 공용어로 어디서나 쉽게 통할 수 있는 의사전달 수단
• 찾아보기
여행 장면의 대분류와 소분류를 두어 쉽게 찾아볼 수 있음
• 기본회화
각 장면에서 기본적으로 부딪칠 수 있는 회화
• 발음표기
정확한 베트남어 발음을 한글로 표기하여 누구나 즉석에서 활용이 가능

Contents

Tourist Spots

베트남 대표 관광지

1. 하노이

베트남 여러 왕조의 수도이자 현재 베트남의 수도이다. 19세기 프랑스에 점령되었을 때는 프랑스령 인도차이나의 중심지가 되었고, 베트남 전쟁 때 집중 폭격을 받았으나 그 이후 베트남이 통일되면서 통일 베트남의 수도가 되었고 여러 현들이 편입되면서 면적과 인구가 늘어나 수도다운 면모를 되찾았다. 시 중심부에는 호안끼엠 호수가 있다. 호안끼엠은 '반납한 검'이라는 뜻으로, 예전에 이 호수에서 거북이에게 받은 검으로 명나라 군대를 물리치고 베트남을 승리로 이끈 왕이 호수로 돌아와 거북이에게 검을 돌려주었다는 전설이 있다. 대표적인 관광 명소이자 시민들에게 사랑받는 휴식처이다. 호안끼엠 호수 북쪽으로 놓인 빨간 다리를 건너면 응옥선 사당이 있다. 원나라의 공격을 막아낸 장군과 문, 무, 의의 성인들을 모신 사당이다. 호안끼엠 호수 주변은 하노이 최고의 번화가라고 할 수 있다. 문화예술공간과 개성 가득한 상점, 다양한 종류의 식당과 카페들이 많아 시민들뿐 아니라 많은 관광객들에게 볼거리를 제공하고 있다. 11세기 초에 세워진 탕롱황성은 옛날 베트남 왕조의 왕궁으로 사용된 궁전으로, 노란색으로 된 다수의 건물들이 넓게 자리 잡고 있으며 유네스코 세계문화유산으로도 지정되어 있다. 그 근처에는 하노이 레닌 공원, 베트남 군사역사 박물관 등이 있어 한꺼번에 둘러보기에도 좋다. 하나의 기둥 위에 지어진 사원이라는 의미에서 이름 붙은 일주사(못꼿사원)과 베트남 지도자 호치민의 일대기를 볼 수 있는 호치민 박물관, 호치민 묘 등 역시 한꺼번에 둘러보기에 좋다. 하노이는 프랑스 식민지 시절의 중심지여서 유럽풍의 건물들의 흔적들이 많이 남아 있는데 성 요셉 성당 역시 프랑스 식민지 시절 지어진 성당으로 하노이에서 가장 오래된 성당이다.

2. 호치민

베트남의 경제의 중심지이다. 원래 사이공이라는 이름으로 알려졌으나 1975년 베트남의 국부라 할 수 있는 호치민으로 이름이 바뀌었다. 호치민 시는 관광할 만한 곳이 멀리 떨어져 있지 않아 동선을 짜는 데 이점이 있다. 호치민 시의 관공서, 호텔, 극장 등 많은 건물들이 프랑스 건축가들에 의해 설계되었기 때문에 '동양의 파리'라고 불릴 정도로 프랑스 느낌이 많이 난다. 사이공 오페라하우스(호치민 시립 극장), 사이공 중앙 우체국, 노트르담 성당 등이 그러하다. 통일궁은 프랑스 식민지 시절 건축된 건물로 코친차이나의 프랑스 총독이 사용하다가 베트남 독립 후 남베트남 대통령의 집무 공간 및 관저로 사용되었다. 현재는 박물관처럼 유료로 일반인에게 공개되어 있으며 종종 국제회의 등의 행사에 사용되기도 한다. 호치민 시에는 많은 박물관이 있는데 베트남 전쟁박물관이 가장 관광객이 많이 방문한다. 베트남 전쟁 때 사용되었던 여러 유물들과 사진들이 전시되어 있으며 미군이 저지른 전쟁 범죄나 고엽제로 인한 피해자들의 사진들도 있어 베트남 전쟁의 참상을 그대로 드러내고 있다. 호치민 시답게 호치민 광장에는 호치민 동상이 있어 호치민의 흔적들을 느낄 수 있다. 담샌공원, 수오이 띠엔 놀이공원, 사이공 동물원 등 시민들의 휴식·놀이공간 역시 관광지로도 많은 사랑을 받고 있다.

3. 다낭

날씨가 1년 내내 온화하여 언제든지 물놀이가 가능하고 물가도 저렴하다는 점, 아름다운 경관으로 관광과 휴양을 하기 좋다는 점 등에서 몇 년 전부터 한국인들 사이에서 손꼽히는 관광지가 되었다. 미케비치는 베트남에서 가장 유명한 해변 중 하나이다. 해변의 길이

가 20km 이상으로 아시아에서 가장 길다고 한다. 끝없이 펼쳐진 해변과 고운 모래가 인상적이다. 또 하나의 볼거리로는 해발 1,487m의 고산지대에 들어서 있는 테마파크 바나힐이 있다. 고산지대여서 연중 날씨가 시원하다. 케이블카를 타고 올라가다 보면 커다란 손이 금색 다리를 잡고 있는 듯한 모양의 골든브릿지가 있어 많은 사람들이 사진을 찍는다. 케이블카를 조금 더 타고 올라가면 유럽풍의 마을에 도착하며 다채로운 풍경과 다양한 이벤트로 관광객의 눈길을 사로잡는다. 다양한 놀이기구와 게임기가 있는 테마파크 또한 즐길 수 있다. 다낭의 랜드마크를 꼽으라는 한강에 있는 용다리를 꼽는 사람들이 많을 것이다. 다리를 따라 용 모형이 길게 올려져 있으며 빛의 색깔이 바뀌기 때문에 밤에 보는 것이 더욱 인상적이다. 주말에는 용머리 부분에서 불과 물을 내뿜는 쇼가 벌어진다고 한다. 시내에서 가까운 곳에는 나무, 물, 불, 철, 땅 다섯 가지 요소로 이루어진 산이라고 해서 이름 지어진 오행산이 있다. 산 전체가 대리석으로 이루어져 대리석산이라고도 불렸다고 한다. 불교, 도교, 민간신앙 등 베트남의 다양한 종교들이 적절하게 조화를 이루고 있다.

4. 냐짱

나트랑이라고 알려지기도 했으나 현대 베트남어 발음은 냐짱이라고 한다. 동양의 나폴리, 베트남의 지중해라고도 불린다. 베트남에서 가장 깨끗하고 아름다운 해안

출처: 위키백과

도시로 알려져 있다. 6km에 달하는 넓고 긴 해변을 따라 산책로와 공원이 잘 꾸며져 있다. 또한 관광객들이 편하게 머물 수 있는 리조트와 식당이 많아 휴양을 즐기려는 많은 관광객들에게 인기가 많다. 대표적인 관광지로는 테마파크인 빈펄랜드가 있다. 6만 평 규모의 빈펄랜드 안에는 여러 놀이기구뿐 아니라 수족관, 워터파크, 동물원 등이 있어 다양한 즐거움을 누릴 수 있다. 냐짱의 명물 중 하나라면 머드 온천을 꼽을 수 있다. 머드 온천을 제공하는 여러 곳이 있으니 자신에게 맞는 곳을 찾아 방문하면 된다. 냐짱 센터는 냐짱 최대의 쇼핑몰로 다양한 상품을 접할 수 있어 냐짱 관광 중에 한 번쯤 들르면 좋은 곳이다. 냐짱 대성당, 포나가르 사원 등 종교 건물 역시 방문해 볼만한 곳들이다.

5. 하롱베이

베트남 북부에 위치한 만이다. '하'는 '내려오다', '롱'은 '용'이라는 의미로, 하롱은 하늘에서 내려온 용을 의미한다. 침략자들을 물리치기 위해 용이 하늘에서 내려와 입에서 보석을 내뿜자 그 보석이 여러 모양의 기암이 되었다는 전설에서 유래한 이름이다. 하롱베이를 단독으로 방문하는 경우도 많지만, 하노이와 연계한 관광 코스 역시 흔하다. 3,000여 개의 크고 작은 섬과 기암괴석들을 포함하고 있으며, 유네스코 세계자연유산으로 지정된 아름다운 경관의 관광지이다. 점점이 흩어져 있는 무수

히 많은 섬들과 카르스트 지형들이 방향과 시간에 따라 다른 절경을 보여준다. 보트나 크루즈를 타고 섬과 섬 사이를 좀 더 자세히 들여다볼 수 있다. 하롱베이에서 가장 큰 섬은 깟바 섬이다. 그래서 하롱베이를 관광하는 사람들이 거의 대부분 깟바 섬을 들르는데 하롱베이를 여유롭게 여행하고 싶다면 깟바 섬에서 숙박을 하며 카약을 타고 동굴 쪽을 들어가보거나 스쿠터를 타고 섬 안을 돌아다녀보는 것도 좋다.

6. 사파

베트남 북서부의 도시로, 인도차이나에서 가장 높은 3,143m의 판시판 산 아래에 소수민족들이 모여 살고 있다. 베트남에서는 가장 서늘하고 시원한 지역 중 하나로 전통적인 모습이 많이 남아 있어 소수민족이나 베트남 전통 생활양식 등을 보고 싶다면 방문해볼 만한 곳이다. 소수민족들이 고유한 풍습과 복장을 지키는 모습이나 계단식 논을 일구고 있는 모습, 주말마다 서는 다양한 재래시장의 모습들이 대표적이다. 숙박시설이나 편의시설들도 갖추어져 있어 여행객들이 직접 마을을 방문할 수도 있고 주변의 여러 산을 트래킹하거나 자연경관을 감상할 수도 있다. 최근에 고속도로가 개통되고 판시판 산에 케이블카가 생기면서 접근성이 더욱 좋아졌다.

7. 무이네 사막

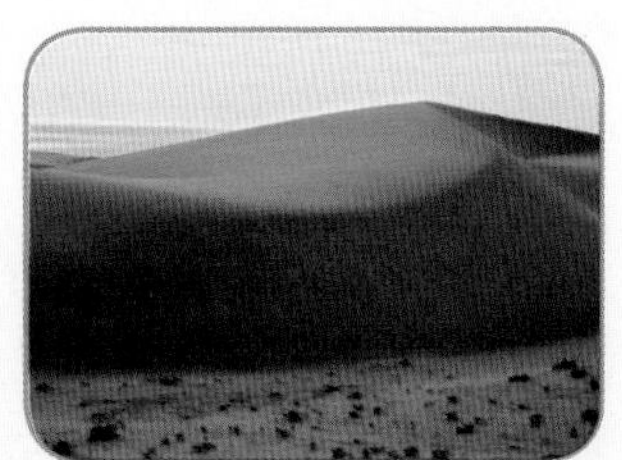

무이네는 베트남 남동부에 위치하며 호치민과 냐짱의 중간쯤에 있는 판티엣의 구이다. 무이네는 해변으로 유명한 동시에 사막으로도 유명한 독특한 곳이다. 무이네의 긴 해변에는 리조트, 호텔, 식당 등 많은 휴양시설들이 있으며, 카이트서핑이나 윈드서핑 같은 액

티비티를 경험할 수 있다. 그리고 바다 가까이에 있는 화이트 샌드 듄, 레드 샌드 듄 등 바다 근처에서 경험할 수 있는 모래 언덕이 신비로움을 느끼게 한다.

8. 요정의 샘

출처: 위키백과

무이네의 또 다른 대표적인 관광지이다. 무이네 바닷가의 계곡 안쪽에 위치한 얕은 개울가이다. 신발을 벗고 샘물에 발을 담그고 샘물을 따라 걸어 올라가는 산책 코스인데, 한 시간이 약간 안 되는 정도로 걷다 보면 끝난다. 물은 발목 정도의 깊이인데 아무리 비가 많이 와도 아무리 비가 오지 않아도 항상 그 깊이라 요정의 샘이라는 이름이 붙었다고 한다. 샘의 바닥에는 고운 모래가 있어 맑은 물 사이로 밟히는 모래의 기분이 아주 좋다.

9. 후에

베트남 중부의 도시로, 베트남 마지막 왕조의 수도였다. 그런 만큼 장엄한 궁궐과 성벽 등 왕조의 흔적들이 고스란히 남아 있어 베트남의 야외 박물관이라 부를 만하다. 여러 차례의 내란과 전쟁으로 많은 왕족의 건물과 박물관, 사원, 도서관 등이 파괴되었으나 복구되는 중이다. 티엔무 사원은 베트남의 대표 사원으로, 후에에서 가장 큰 사원이라고 한다. 티엔무 사원의 상징은 입구에서도 바로 보이는 7층 8각 탑이다. 20m가 넘는 엄청난 높이를 자랑한다. 탑의 양 옆으로는 거북의 등 위에 새겨진 비석과 울리면 시내까지 소리가 퍼진다는 범종이 자리 잡고 있다. 티엔

무 사원에는 다른 곳에서 찾아보기 힘든 독특한 것이 하나 있다. 독재정권에 대항하던 티엔무 사원의 승려가 사이공까지 차를 몰고 가서 분신자살을 한 일이 있었는데, 그 자동차가 바로 본당 뒤편에 전시되어 있다. 후에성은 중국의 자금성을 본따 만들어진 거대한 왕궁이다. 현재는 몇몇 건물을 제외하고는 대부분 복원 중이라 허전한 듯하지만, 성터의 규모만 보더라도 원래의 성이 얼마나 웅장하고 거대했을지 짐작할 수 있다. 카이딘 황릉은 20세기 초반의 황제였던 카이딘의 능으로, 대부분의 베트남 황제릉이 중국풍인데 비해 카이딘 황릉은 프랑스의 식민지 지배 영향으로 유럽풍을 띠고 있는 것이 특징이다. 황제를 호위하는 석상들이 여럿 있는데 그중에도 서양인의 얼굴이 있다고 할 정도이다. 화려하고 규모가 큰 볼거리이다.

10. 푸꾸옥 섬

베트남에서 가장 큰 섬이다. 실제 위치는 베트남보다 캄보디아에 더 가깝다. 이 섬의 영유권 분쟁이 베트남–캄보디아 간의 전쟁의 원인 중 하나가 되기도 했다. 청정해역을 자랑하는 휴양지로, 앞바다에서는 바다거북과 듀공을 볼 수 있는 것으로 유명하다. 섬 주변을 전용 배로 이동하면서 관광할 수도 있고, 스노클링 등의 액티비티를 즐길 수도 있다. 사오비치는 푸꾸옥의 대표적인 해변이다. 깨끗하고 아름다운 바다가 절경을 이룬다. 이곳에서 포토스팟으로 유명한 것은 바로 백사장 위에 걸려 있는 그네로, 바다를 배경으로 멋진 사진을 찍을 수 있어 많은 이들에게 사랑받고 있다. 과거 베트남 전쟁 때 포로들이 수용되어 있던 수용소도 이곳에 있다. 현재는 전시관으로 바뀌었으며 고통받던 포로들의 모습을 밀랍인형으로 전시하고 있어 관광지에서 새롭게 다른 나라의 역사를 경험하는 시간을 가질 수 있다. 빈펄리조트 안에 있는 빈펄사파리는 아시아 최대 규모의 동물원으로, 여러 동물들을 가까이서 보고 먹이 주기 체험 등을 해 볼 수 있다. 빈펄리조트 투숙객이 아니어도 입장 가능하다. 섬의 남쪽에

는 약 8km가량의 엄청난 길이의 케이블카가 있는데, 케이블카를 타고 내려오면서 바라보는 푸꾸옥 섬의 바다가 장관이므로 경험해볼 만하다. 베트남 전통 음식과 신선한 해산물들을 접하려면 야시장에 가보는 것도 좋다.

11, 호이안

15~19세기 동남아 최대의 무역항이었다. 베트남의 바다의 실크로드라고 불렸을 정도로 번성하였다고 한다. 과거에 융성했던 도시인 만큼 복고적인 분위기로 가득한 관광지이다. 도시의 분위기는 중국과 많이 닮아 있다. 다낭과 지리적으로 가까워 경계가 뚜렷하진 않지만 분위기는 다른 편이다. 과거의 융성했던 모습이 20세기 들어 다소 쇠퇴하면서 아이러니하게도 전쟁의 타격을 직접적으로 받지 않고 도시의 모습을 고스란히 지킬 수 있게 되었다. 호이안의 구도심은 유네스코 세계문화유산으로 지정되기도 했다. 곳곳의 풍경에서 동서양이 혼합된 느낌을 주는 매력적인 도시이다. 여러 고택과 건물들의 고풍스러움을 보는 것만으로도 충분히 호이안의 매력을 만끽할 수 있으며, 그 외에도 호이안 역사문화박물관, 내원교, 무역도자기박물관, 목공예 마을들이 방문할 만한 주요 관광지이다. 매월 음력 보름에는 등불 축제가 열리니 시기가 맞는다면 관람해 보는 것도 좋을 것이다.

12. 짱안 경관

닌빈에 있는 명소로, 최근인 2014년에 유네스코 세계복합유산에 선정되었다. 10세기 딘 왕조의 수도였던 고대 도시 호아루, 아름다운 자연경관으로 유명한 짱안-땀꼭-빅동풍치지구, 석회암 동굴들이 다

수 발굴된 호아루특별용도1차산림 세 구역으로 이루어져 있다. 호아루는 여러 왕조에 걸쳐 사원, 궁궐, 탑, 누각 등이 조성되어 진정한 고대도시의 면모를 갖추고 있다. 이곳에서 특히 유명한 것은 짱안–땀꼭–빅동풍치지구인데 석회암 카르스트로 구성된 자연경관이 절경을 이루며 육지의 하롱베이라 불릴 정도로 아름답다. 여러 절벽과 동굴들로 가득한 이곳은 작은 배를 타고 강을 따라 관광하기에 딱 좋다. 하노이를 여행 베이스로 삼았는데 하롱베이까지 가기가 부담스럽다면 하노이에서 2시간 정도 떨어진 짱안을 들르는 것도 좋은 방법이다.

13. 꾹프엉 국립공원

출처: 위키백과

닌빈 성, 호아빈 성, 타인호아 성의 경계에 위치한 국립공원이다. 1960년에 개장한 베트남 최초의 국립공원이다. 석회암 절벽으로 둘러싸여 있어 아름다운 절경을 자랑하며 희귀종을 포함한 다양한 동식물들이 서식하고 있는 자연의 보고이다. 우리나라와 날씨가 달라 우리나라에서 볼 수 없는 동식물들이 다수라고 하니 기회가 된다면 보는 것이 좋다. 산속을 걷다 보면 엄청난 둘레의 나무들을 볼 수 있는데 그중에는 천년이 넘은 나무도 있다고 한다. 또한 석회암 지형들이 있어 동굴들도 많이 볼 수 있다. 산속을 트래킹해도 되고, 매표소 앞에서 오토바이나 자전거를 빌려 탈 수도 있다. 내부에는 원숭이 보호소와 거북이 보호소가 따로 있다. 아프거나 치료받아야 하거나 혹은 멸종 위기에 처해 있는 종들을 따로 보호하고 있는 곳으로 가이드와 동행하면 입장하여 관람할 수 있다.

14. 달랏

럼동 성의 성도로 람비엔 고원에 자리한 도시이다. 해발고도가 약 1,500m 정도로, 고원에 자리한 만큼 연중 내내 날씨가 서늘하다. 달랏의 대표적인 관광지는 라비앙 산과 퐁고르 폭포이다. 라비앙 산은 해발 2,000m가 넘는 달랏의 대표적인 산으로, 산에 올라가면 달랏 시내를 한눈에 내려다볼 수 있어 많은 이들이 찾는다. 트래킹으로 산을 올라갈 수도 있고, 지프차를 타고 올라갈 수도 있으며, 산 중턱에는 달랏 시내를 내려다보며 음식을 먹고 차를 즐길 수 있는 레스토랑과 카페들이 있다. 랑비앙이라는 이름은 베트남의 로미오와 줄리엣이라고 불리는 소년 랑과 소녀 비앙의 이야기에서 붙은 것이라고 한다. 그래서 산에 있는 랑과 비앙의 동상 앞에서 사진을 찍으면 사랑이 이루어진다는 재미있는 속설도 있다. 달랏에는 다탄라 폭포, 코끼리 폭포 여러 개의 폭포가 있는데 그중에 가장 대표적인 것이 퐁고르 폭포이다. 승려들의 명상 코스로도 유명하다. 퐁고르 폭포는 그 규모와 웅장함이 압도적인데, 건기일 때와 우기일 때 물의 양에 따라서 그 광경이 차이가 많이 나기 때문에 퐁고르 폭포를 제대로 즐기고 싶다면 우기일 때에 맞춰서 가는 것이 좋다. 퐁고르 폭포를 포함한 다른 폭포들을 한 번에 볼 수 있는 폭포 투어 프로그램도 있다.

15. 퐁냐깨방 국립공원

베트남 중부에 있는 꽝빈 주의 국립공원이다. 세계에서 두 번째로 큰 카르스트 지형이 보존되어 있으며 300개 이상의 동굴과 석굴로 유명하다. 그런 만큼 규모와 아름다움과 희귀함

출처: 위키백과

면에서 기회가 된다면 방문해 볼만한 가치가 있는 곳이다. 그중에서도 세계에서 가장 큰 동굴이라는 손둥 동굴은 천국의 동굴이라고 불린다. 이 동굴은 길이가 무려 9km, 폭이 200m, 높이가 250m 이상이라고 한다. 무너진 천장 사이로 들어오는 빛이 신비한 분위기를 만들며 다양한 식물들이 그 안에 살고 있고 석순이나 종유석 등 여러 지형들도 형성되어 있다. 국립공원의 대부분은 열대우림으로 덮여 있으며 다양한 동식물들이 서식하고 있다. 보트를 타고 동굴 안으로 들어가는 투어도 가능하다.

16. 옌뜨 국립공원

하노이와 하롱베이의 중간쯤에 위치한다. 세 명의 왕이 부처가 되어 산을 지킨다는 전설이 전해진다. 뾰족탑의 산으로도 알려져 있는데 10여 개의 사찰과 수백 개의 사리탑이 있기 때문이다. '옌뜨에 가보지 않은 자 불교를 논하지 말라'는 말이 있을 정도로 베트남에서 대단히 유명한 베트남 불교의 성지라 할 수 있다. 많은 베트남 사람들과 관광객들이 기도하기 위해 이곳을 찾는다. 케이블카도 있어 편하게 올라갈 수 있다. 민소매나 짧은 하의 차림으로는 입장이 불가능하므로 방문 계획이 있다면 옷차림에 한 번 더 신경을 쓰도록 한다.

출처: 위키백과

17. 하이반 고개

다낭과 후에의 경계에 있는 고개인데 크게 보면 베트남의 남과 북의 경계이기도 하다. 하이반 고개를 기준으로 남북의 기후가 조금 다르다. 베트남 전쟁 당시 전략적 요충지로 전투가 치열했단 지역이다. 하이반은 '바람과 구름'이라는 뜻으로 평소에도 구름이 많기 때문에 이런 이름이

되었다고 한다. 자전거나 스쿠터, 도보 등 여러 방법으로 해안도로를 타고 고개에 올라가면 주변의 아름다운 풍경이 한눈에 들어온다. 정상에는 전쟁의 흔적을 느낄 수 있는 승전비나 성벽 등이 훼손된 채로 남아 있다.

18. 타인호아

베트남 북부에 있는 타인호아 성의 성도이다. 아직 한국인들을 비롯한 외국인들에게 많이 알려지지는 않아 조용한 휴식이나 관광을 원하거나 베트남의 로컬 관광지를 경험해보고 싶다면 가볼 만한 곳이다. 여러 왕조의 발상지로서 역사적인 유적이 많다. 후 레왕조와 관련된 유적으로 시 중심부에 있는 레러이 기념비와 레왕조 사원이 있다. 베트남 옛 왕조에 대한 관심이 있다면 흥미로운 곳이다. 타인호아는 구석기와 청동기 유물이 많이 발굴되는 곳인데, 타인호아 박물관에서는 이러한 유물들을 관람하고 타인호아의 발전 과정을 살펴볼 수 있다. 베트남 전쟁의 저항의 상징인 함롱 다리 역시 이곳에 있다. 베트남의 유명한 해변들은 관광객들이 매우 많다. 조금 한가하지만 아름다운 해변을 가고 싶다면 타인호아의 삼손 해변이나 하이호아 해변도 괜찮은 선택지이다.

출처: 위키백과

19. 붕따우

베트남 남쪽에 위치한 현지인이 사랑하는 휴양지이다. 호치민과 가장 가까운 해변이어서 호치민과 연계해서 들르는 경우가 많다. 붕따우의 주요 관광 포인트는 해변이다. 아름다운 해변으로 알려진 만큼 바다를 보기 위해 많은 이들이 이곳을 찾는다. 여행자들이 가장 많이 찾는 해변은 바이뚜억 해변이다. 이 외에 바이사오 해변 등이 있으며, 근처에도 여러 해변이 있어 바다를 보기가 좋다. 붕따우의 또 다른 볼거리는 거대한 예수상이다. 짱푸 거리에 있는 산 정상에 거대한 예수상이 있는데 브

라질 리우에 있는 예수상에 이어 세계에서 두 번째로 크다. 산에 올라가지 않아도 길에서도 보일 정도의 크기이며, 한 시간 정도 등산하여 올라가면 거대한 예수상을 가까이에서 볼 수 있는 것은 물론 바다와 도시가 한눈에 보이는 절경을 체험할 수 있다. 붕따우의 대표 음식은 반꼿인데 새우 넣은 튀김을 채 썬 채소와 함께 쌈 싸 먹는 음식의 일종이다. 붕따우에 갔다면 반꼿을 꼭 먹어봐야 한다.

20. 하장

베트남의 최북단에 위치한다. 하노이에서 350km 정도 떨어진 꽤 오지이다. 소수민족들이 터를 잡고 살아가고 있는 곳이다. 이곳을 찾는 여행객은 주로 자전거나 오토바이 등의 라이딩 투어를 하고자 하는 사람들이다. 길을 달리다 보면 카르스트 지형으로 가득한 광경을 볼 수도 있고 물과 풀이 가득한 아름다운 풍경을 볼 수도 있다. 휴양이나 관광 등의 편안한 여행보다는 와일드하고 색다른 경험을 원하는 여행객들이라면 하장 투어를 계획해볼 것을 추천한다.

기본 회화 표현

Chapter 01 일상적인 만남의 인사

UNIT 01 일상적인 인사를 할 때

안녕하세요.
Xin chào.
신 짜오

날씨가 좋네요.
Thời tiết tốt.
터이 띠엣 똣

어디에 가십니까?
Đi đâu ạ?
디 더우 아?

무슨 좋은 일이라도 있어요?
Có việc gì tốt không?
꼬 비엑 지 똣 콩

UNIT 02 근황을 물을 때

잘 지내십니까?
Có khỏe không?
꼬 코에 콩?

덕분에 잘 지냅니다. 당신은요?
Nhờ anh(chị) tôi khỏe. con anh(Chị)?
녀 아잉(찌) 또이 코에 꼰 아잉

- 별일 없으세요?
  Không có việc gì cả chứ?
  콩 꼬 비엑 지 까 쯔?

- 기분은 어떠세요?
  Tâm trạng thế nào?
  떰 짱 테 나오

- 요즘은 어떠십니까?
  Dạo này anh(chị) thế nào?
  쟈오 나이 아잉(찌) 테 나오

- 그저 그렇습니다.
  Bình thường. / thường thường.
  빈 트엉 / 트엉 트엉

- 사업은 잘되십니까?
  Công việc kinh doanh của anh tốt không ạ?
  꽁 비엑 낀 죠안 꾸어 아잉 뜻 콩 아

- 무슨 별다른 일이라도?
  Có việc gì đặc biệt không?
  꼬 비엑 지 닥 비엣 콩

- 아니, 별로.
  Không, không hẳn.
  콩, 콩 한

오랜만에 만났을 때

- 오랜만이군요.
  Lâu rồi không gặp nhau.
  러우 조이 콩 갑 녀우

- 야, 몇 년 만입니까?
  Vâng, Đã bao nhiêu năm rồi?
  벙, 다 바오 니에우 남 조이

- 다시 만나서 반갑습니다.
  Rất vui được gặp lại.
  졋 부이 드억 갑 라이

- 여전하군요.
  Anh(Chị) không thay đổi.
  아잉(찌) 콩 타이 도이

- 그동안 어땠습니까?
  Thời gian qua anh(chị) sống thế nào?
  터이 쟌 꽈 아잉(찌) 송 테 나오

- 다시 뵙게 되어 반갑습니다.
  Rất vui được gặp lại.
  졋 부이 드억 갑 라이

- 모두가 당신을 그리워했습니다.
  Mọi người đều là nhớ anh(chị).
  모이 응어이 데우 라 녀 아잉(찌)

- 뵙고 싶었습니다.
  Tôi muốn gặp anh(chị).
  또이 무온 갑 아잉

- 별고 없으셨습니까?
  Không có trở ngại nào chứ ạ?
  콩 꼬 쩌 응아이 나오 쯔 아

- 세월 참 빠르네요.
  Thời gian trôi đi rất nhanh.
  터이 쟌 쪼이 디 졋 냔

- 어떻게 지냈니?
  Anh(Chị) sông như thế nào?
  아잉(찌) 송 느 테 나오

- 전혀 안 변했구나.
  Đã không thay đổi gì cả.
  다 콩 타이 도이 지 까

- 건강해 보이는데요.
  Có vẻ khỏe mạnh.
  꼬 베 코에 마잉

- 오랫동안 소식을 못 드렸습니다.
  Tôi đã không thể liên lạc lâu rồi.
  또이 다 콩 테 리엔 락 러우 조이

안부를 물을 때

- 가족 분들은 잘 지내십니까?
  Gia đình của anh(chị) có khỏe không?
  자 딘 꾸어 아잉 꼬 코에 콩

모두 잘 지냅니다.
Mọi người đều khỏe.
모이 응어이 데우 코에

요즘 어떻게 지내십니까?
Dạo này anh(chị) sống như thế nào?
쟈오 나이 아잉(찌) 송 느 테 나오

그는 요즘 어떻게 지내니?
Dạo này anh ấy sống như thế nào?
쟈오 나이 아잉 어이 송 느 테 나오

그는 건강하게 지내고 있습니다.
Anh ấy sức khỏe.
아잉 어이 쓱 코에

여행은 어땠어요?
Chuyến du lịch thế nào?
쭈옌 쥬 릭 테 나오

무엇 때문에 바빴습니까?
Anh(Chị) đã bận rộn với việc gì?
아잉(찌) 다 번 론 버이 비엑 지

Chapter 02 소개할 때의 인사

UNIT 01 처음 만났을 때의 인사

처음 뵙겠습니다.
Rất vui được gặp anh(chị).
졋 부이 드억 갑 아잉(찌)

잘 부탁합니다.
Tôi nên mong anh(chị) giúp đỡ cho ạ.
또이 넨 몽 아잉(찌) 즙 져 쪼 아

뵙게 되어 매우 기쁩니다.
Tôi rất vui được gặp anh(chị).
또이 졋 부이 드억 갑 아잉(찌)

알게 되어 기쁘게 생각합니다.
Tôi rất vui được biết anh(chị).
또이 졋 부이 드억 비엣 아잉(찌)

뵙게 되어 영광입니다.
Tôi rất vinh dự được gặp anh(chị).
또이 졋 빈 즈 드억 갑 아잉(찌)

처음 뵙겠습니다. 잘 부탁드립니다.
Rất vui được gặp anh(chị), cảm ơn anh(chị).
졋 부이 드억 갑 아잉(찌) 깜 언 아잉(찌)

저야말로 잘 부탁합니다.
Tôi cũng rất vui được gặp anh(chị).
또이 꿍 졋 부이 드억 갑 아잉(찌)

늘 가까이서 뵙고 싶었습니다.
Tôi luôn luôn muốn gặp anh(chị).
또이 루온 루온 무온 갑 아잉(찌)

뵙기를 기대하고 있었습니다.
Tôi rất mong được gặp anh(chị).
또이 젓 몽 드억 갑 아잉(찌)

말씀은 그전부터 많이 들었습니다.
Tôi đã từng nghe đối với anh(chị) nhiều lần rồi.
또이 다 뜽 녜 도이 버이 아잉(찌) 니에우 런 조이

응우옌에게 말씀은 들었습니다.
Nguyễn đã giới thiệu anh(chị) cho tôi.
응우옌 다 져이 티에우 아잉(찌) 쪼 또이

성함만은 알고 있었습니다.
Tôi nghe tên anh(chị) quen lắm.
또이 녜 뗀 아잉(찌) 꿴 람

어디서 만난 적이 없습니까?
Chúng ta có từng gặp nhau ở đâu không?
쭝 따 꼬 뜽 갑 녀우 어 더우 콩

UNIT 02 자신을 소개할 때

뵌 적이 없는 것 같은데요.
Chúng ta không gặp nhau đâu.
쭝 따 콩 갑 녀우 더우

당신과는 처음인 것 같은데요.
Chúng ta gặp nhau lần đầu tiên.
쭝 따 갑 녀우 런 더우 띠엔

잠깐 제 소개를 하겠습니다.
Một chút, tôi sẽ tự giới thiệu.
못 쭛 또이 쎄 뜨 져이 티에우

실례합니다. 어디서 뵌 적이 있지요.
Xin lỗi. Chúng ta đã gặp nhau ở đâu.
신 로이 쭝 따 다 갑 녀우 어 더우

안녕하세요, 저를 기억하십니까?
Xin chào anh(chị), anh(chị) có nhớ tôi không?
신 짜오 아잉(찌), 아잉(찌) 꼬 녀 또이 콩

죄송합니다. 다른 사람으로 착각했습니다.
Xin lỗi, tôi nhầm là người khác.
신 로이 또이 념 라 응어이 칵

제 명함입니다. 당신 것도 받을 수 있을까요?
Đây là danh thiếp của tôi. Tôi có thể nhận danh thiếp của anh(chị) được không?
더이 라 잔 띠엡 꾸어 또이 또이 꼬 테 년 잔 띠엡 구어 아잉(찌) 드억 콩

UNIT 03 상대를 소개할 때

쩐 씨를 소개하겠습니다.
Xin giới thiệu anh(chị) Trần.
신 져이 티에우 아잉 쩐

친구 레 씨를 소개하겠습니다.
Xin giới thiệu bạn tôi, anh(chị) Lê.
신 져이 티에우 반 또이 아잉(찌) 레

만난 적이 없으면 소개해 드리지요.
Nếu anh(chị) chưa gặp anh(chị) ấy thì tôi sẽ giới thiệu anh(chị) ấy.
네우 아잉(찌) 쯔어 갑 아잉(찌) 어이 티 또이 쎄 져이 티에우 아잉(찌) 어이

김 씨, 응오 씨를 만나는 것은 처음이지요.
Anh(Chị) Kim, gặp anh(chị) Ngô là lần đầu tiên phải không?
아잉 김 갑 아잉 응오 라 런 더우 띠엔 파이 콩

이 씨, 이분은 리 씨입니다.
Anh(Chị) Lee, đây là anh(chị) Lý.
아잉(찌) 이, 더이 라 아잉(찌) 리

이쪽은 한국에서 온 친구인 김입니다. 베트남에 막 도착했습니다.
Đây là anh(chị) Kim, một người bạn tôi từ Hàn Quốc. Bạn vừa mới đến Việt Nam.
더이 라 아잉(찌) 김, 못 응어이 반 또이 뜨 한 꾹 반 브어 머이 덴 비엣 남

즈엉과 저는 초등학교부터 아는 사이입니다.
Dương và tôi biết từ trường tiểu học.
즈엉 바 또이 비엣 뜨 쯔엉 띠에우 혹

상대와 친해지기 위한 질문

어디 태생입니까?
Anh(Chị) là người nước nào?
아잉(찌) 라 응어이 늑 나오

- 이곳 생활은 어떻습니까?
  Cuộc sống ở đây thế nào?
  꾸옥 송 어 더이 테 나오

- 이곳에는 자주 오십니까?
  Anh(Chị) có đến đây thường xuyên không?
  아잉(찌) 꼬 덴 더이 트엉 수엔 콩

- 어디에 근무하십니까?
  Anh(Chị) làm việc ở đâu?
  아잉(찌) 람 비엑 어 더우

- 어느 학교에 다닙니까?
  Anh(Chị) học trường nào?
  아잉(찌) 혹 쯔엉 나오

- 어느 대학을 나왔습니까?
  Anh(Chị) tốt nghiệp đại học nào?
  아잉(찌) 똣 니엡 다이 혹 나오

- 취미는 무엇입니까?
  Sở thích của anh(chị) là gì?
  서 틱 구어 아잉(찌) 라 지

- 가족은 몇 분입니까?
  Có bao nhiêu người trong gia đình
  꼬 바오 니에우 응어이 쫑 자 딘

- 베트남어를 할 줄 아나요?
  Anh(Chị) có thể nói tiếng việt được không?
  아잉(찌) 꼬 테 노이 띠엥 비엣 드억 콩

✪ 앞으로도 서로 연락을 취합시다.
Hãy giữ liên lạc với nhau nhé.
하이 지으 리엔 락 버이 녀우 녜

✪ 어떻게 하면 연락이 됩니까?
Làm thế nào tôi có thể liên lạc với anh(chị).
람 테 나오 또이 꼬 테 리엔 락 버이 아잉(찌)

✪ 여기는 놀러 왔습니까?
Anh(Chị) đã đến đây để chơi không?
아잉(찌) 다 덴 더이 데 쩌이 콩

✪ 여기는 일로 왔습니까?
Anh(Chị) đã đến đây để làm việc không?
아잉(찌) 다 덴 더이 데 람 비엑 콩

✪ 베트남의 생활에는 이제 익숙해졌습니까?
Anh(Chị) đã quen với cuộc sống ở Việt Nam chưa?
아잉(찌) 다 꿴 버이 꾹 송 어 비엣 남 쯔어

✪ 베트남에는 언제까지 있습니까?
Anh(Chị) ở Việt Nam bao lâu?
아잉(찌) 어 비엣 남 바오 러우

Chapter 03 헤어질 때의 인사

헤어질 때

안녕히 가세요.
Chào tạm biệt.
짜오 땀 비엣

언제 가까운 시일에 또 만납시다.
Hãy gặp lại nhau một ngày gần đây.
하이 갑 라이 녀우 못 응아이 건 더이

그럼, 내일 또 봐요.
Vâng, ngày mai gặp lại.
벙 응아이 마이 갑 라이

자리에서 일어날 때

이제 가야겠습니다.
Bây giờ tôi phải về.
버이 져 또이 파이 베

늦었어.
Muộn rồi.
무언 조이

이제 실례해야겠어.
Xin lỗi tôi phải đi.
신 로이 또이 파이 디

- 만나서 반가웠습니다.
  Thật vui được gặp anh(chị).
  텃 부이 드억 갑 아잉(찌)

- 즐거웠습니다.
  Thật vui.
  텃 부이

- 저녁을 잘 먹었습니다.
  Tôi đã ăn tối rất ngon.
  또이 다 안 또이 졋 응온

- 초대해 줘서 고마워요. 정말 즐거웠습니다.
  Cảm ơn vì đã mời tôi. Thật vui.
  깜 언 비 다 머이 또이 텃 부이

- 즐거운 주말을 보내십시오.
  Chút cuối tuần vui vẻ.
  쭛 꾸오이 뚜언 부이 베

- 그럼 조심해서 가세요.
  Anh(Chị) đi cẩn thận.
  아잉(찌) 디 껀 턴

- 좀 더 계시다 가세요.
  Hãy ở đây lâu hơn một chút.
  하이 어 더이 러우 헌 못 쭛

- 또 오세요.
  Đến lại một lần nữa.
  덴 라이 못 런 느어

UNIT 03 그밖에 작별인사와 안부를 전할 때

즐겁게 다녀와.
Có một thời gian tốt.
꼬 못 터이 쟌 똣

좋은 여행이 되기를!
Chúc anh(chị) có một chuyến du lịch thật vui!
쭉 아잉(찌) 꼬 못 쭈옌 쥬 릭 텃 부이

아버님께 안부 전해 주세요.
Hãy chuyển lời hỏi thăm của tôi đến cha của bạn.
하이 쭈옌 러이 호이 탐 꾸어 또이 덴 짜 꾸어 반

부모님께 안부 전해 주세요.
Hãy chuyển lời hỏi thăm của tôi tới gia đình.
하이 쭈옌 러이 호이 탐 꾸어 또이 떠이 쟈 딘

응우옌 씨를 우연히 만났는데, 당신에게 안부 전해 달라고 하던데요.
Tôi đã tình cờ gặp anh(chị) Nguyễn, anh(chị) ấy hỏi thăm anh(chị).
또이 다 띤 꺼 갑 아잉(찌) 응우옌 아잉(찌) 어이 호이 탐 아잉(찌)

레에게 안부 전해 줘.
Hãy cho tôi gửi lời hỏi thăm anh(chị) Lê.
하이 쪼 또이 그이 러이 허이 탐 아잉(찌) 레

가족 모두에게 부디 안부 전해 주십시오.
Xin chuyển lời hỏi thăm tới mọi người trong gia đình.
신 쭈옌 러이 호이 탐 떠이 머이 응어이 쫑 쟈 딘

잠시 만나지 못할 때

- 너를 만날 수 없게 되다니 외롭겠는데.
  Tôi cô đơn khi tôi không thể gặp anh(chị).
  또이 꼬 던 키 또이 콩 테 갑 아잉(찌)

- 당신과 함께하지 못해서 유감이군.
  Rất tiệc tôi không thể ở bên anh(chị).
  젓 띠엑 또이 콩 테 어 벤 아잉(찌)

- 돌아와야 해.
  Anh(Chị) phải quay lại.
  아잉(찌) 파이 꽈이 라이

- 그 사이에 전화 줘.
  Trong lúc đó, hãy gọi điện cho tôi.
  쫑 룩 도 하이 고이 디엔 쪼 또이

- 편지 줘.
  Hãy viết thư cho tôi.
  하이 비엣 트 쪼 또이

- 다시 언제 만나자.
  Hẹn lại gặp nhau sau.
  헨 라이 갑 녀우 사우

- 서로 연락을 취하자.
  Hãy liên lạc nhau nhé.
  하이 리엔 락 녀우 녜

고마움을 나타낼 때

고마움을 말할 때

고마워요.
Cảm ơn.
깜 언

네, 고마워요.
Vâng, cảm ơn.
벙 깜 언

고맙습니다.
Xin cảm ơn.
신 깜 언

정말로 고맙습니다.
Xin cảm ơn rất nhiều.
신 깜 언 졋 니에우

아무튼 고마워요.
Dù sao thì cảm ơn.
주 사오 티 깜 언

이거 무척 고마워요.
Cái này thật cảm ơn.
까이 나이 텃 깜 언

여러모로 신세를 많이 졌습니다.
Bằng nhiều mặt, tôi mang ơn anh(chị) nhiều.
방 니에우 맛 또이 망 언 아잉(찌) 니에우

수고를 끼쳐드렸습니다.

Anh(Chị) vất vả nhiều.

아잉(찌) 벗 바 니에우

UNIT 02 친절에 대해 고마움을 나타낼 때

호의에 감사드려요.

Cảm ơn thiện ý của anh(chị).

깜 언 티엔 이 꾸어 아잉(찌)

친절히 대해 줘서 고마워요.

Cảm ơn anh(chị) đã đối xử tử tế.

깜 언 아잉(찌) 다 도이 스 뜨 떼

친절하게 대해 줘서 많은 도움이 되었습니다.

Xin gửi lời cảm ơn sâu sắc về sự giúp đỡ tận tình của anh(chị).

신 그이 러이 깜 언 써우 싹 베 쓰 즙 저 턴 띤 꾸어 아잉(찌)

몸 둘 바를 모르겠어요!

Tôi không biết làm thế nào.

또이 콩 비엣 람 테 나오

당신 덕택에 도움이 되었습니다.

Nhờ vào anh(chị) tôi có thể thành công.

녀 바오 아잉(찌) 또이 꼬 테 타잉 꽁

칭찬해 주셔서 고마워요.

Cảm ơn lời khen của anh(chị).

깜언 러이 켄 꾸어 아잉(찌)

UNIT 03 배려에 대해 고마움을 나타낼 때

마중을 나와 주셔서 정말로 고맙습니다.
Cảm ơn anh(chị) rất nhiều đã đón tôi.
깜 언 아잉(찌) 젓 니에우 다 던 또이

그렇게 말해 줘서 고마워요.
Cảm ơn anh(chị) đã nói cho tôi như thế.
깜 언 아잉(찌) 다 노이 쪼 또이 느 테

알려 줘서 고마워.
Cảm ơn đã cho tôi biết.
깜 언 다 쪼 또이 비엣

격려해 줘서 고마워요.
Cảm ơn đã cho tôi động viên.
깜 언 다 쪼 또이 동 비엔

만나러 와 줘서 고마워.
Cảm ơn anh(chị) đã đến gặp tôi.
깜 언 아잉(찌) 다 덴 갑 또이

음악회 표, 고마웠습니다.
Phiếu nhạc hội, cảm ơn.
피에우 냑 호이 깜 언

거들어 줘서 고마워요.
Cảm ơn sự giúp đỡ của anh(chị).
깜 언 스 즙 져 구어 아잉(찌)

선물을 주고받을 때

- 선물 무척 고마워요.
  Cảm ơn rất nhiều món quà.
  깜 언 졋 니에우 몬 꽈

- 멋진 선물을 줘서 고마워요. 풀어도 될까요?
  Cảm ơn cho tôi món quà tốt. Tôi có thể mở món quà được không?
  깜 언 쪼 또이 몬 꽈 뜻 또이 꼬 테 머 몬 과 드억 콩

- 저에게 주시는 겁니까? 너무 고마워요.
  Anh(Chị) tặng cho tôi hả? Cảm ơn!
  아잉(찌) 땅 쪼 또이 하 깜 언

- 우와, 기뻐! 정말 고마워.
  Ôi! Vui! Cảm ơn rất nhiều.
  오이 부이 깜 언 졋 니에우

- 뜻밖입니다. 너무 고마워요.
  Thật là bất ngờ. Cảm ơn nhiều.
  텃 라 벗 응으 깜 언 니에우

- 이런 것을 전부터 갖고 싶었습니다.
  Tôi muốn có món quà như vậy từ trước đây.
  또이 무온 꼬 몬 꽈 느 버이 뜨 쯔억 더이

- 고마워요. 이런 것을 하시지 않아도 되는데…….
  Cảm ơn. Anh(Chị) không phải làm như vậy…….
  깜 언 아잉(찌) 콩 파이 람 느 버이

여행 베트남어를 위한 워밍업

Unit 01 인사의 표현
Unit 02 감사의 표현
Unit 03 사과의 표현
Unit 04 응답의 표현
Unit 05 되물음의 표현
Unit 06 구체적인 질문 표현
Unit 07 장소에 관한 표현
Unit 08 정도의 표현
Unit 09 유무에 관한 표현
Unit 10 의뢰에 관한 표현
Unit 11 허락에 관한 표현
Unit 12 긴급상황 시의 표현

기초 베트남어

✺ 베트남어 기초를 익히는 것부터가 여행의 시작

베트남으로 여행을 하기 전에 먼저 베트남어에 대한 기본적인 사항을 알고 귀와 입을 어느 정도 여는 것이 좋다. 여행은 그다지 격식이 필요하지 않으므로 꼭 필요한 단어만으로도 의사소통이 되며, 몸짓, 발짓 등의 제스처로도 가능하다. 처음부터 너무 완벽한 베트남어를 꿈꾸기보다는 베트남어의 알파벳과 기본적인 사항을 어느 정도 알고 익혀 가는 것으로 시작해 보자.

* 베트남어는 상대를 가리키는 2인칭 존칭이 성별에 따라 다르다. 상대가 남자면 anh, 여자면 chị를 사용한다.

1. 베트남어의 자모와 발음 chữ quốc ngữ [쯔 꾸옥 응으]

A a	[ɑ 아]
Ă ă	[a 아]
Â â	[ə 어]
B b	[ɓ / ʔb 베]
C c	[k 쎄]
D d	[ʐ 제]
Đ đ	[ɗ / ʔd 데]
E e	[ɛ 애]
Ê ê	[e 에]
G g	[ʒ / ɣ 게]
H h	[h 핫]
I i	[i 이(응안)]
K k	[k 까]
L l	[l 에-러]
M m	[m 엠-머]
N n	[n 엔-너]

O o	[ɔ 오]
Ô ô	[o 오]
Ơ ơ	[ɣ 어]
P p	[p 뻬]
Q q	[k 꾸이]
R r	[z 에-러]
S s	[ʂ 엣-씨]
T t	[t 떼]
U u	[u 우]
Ư ư	[ɯ 으]
V v	[v / j 베]
X x	[ʂ~ɕ 익씨]
Y y	[i: 이(자이)]

2. 실제 발음

베트남어의 발음은 그리 어렵지 않으며, 우리나라 말처럼 자음과 모음 각각의 발음을 익히고 이를 결합하여 발음한다. 하지만 성조가 6개 있으므로 발음 시 성조에 주의하여야 한다.

A a	[ɑ 아] ■ nam [남] 남쪽
Ă ă	[a 짧은 아] ■ ăn [안] 먹다
Â â	[ə 짧은 어] ■ cần [껀] 필요하다
B b	[ɓ / ʔb 버] ■ ba [바] 3(숫자), bé [배] 작은
C, c	[k 꺼] *c + (a, ă, â, o, ô, ơ, u, ư) ■ ca [까] 노래하다, có [꼬] 있다
Ch, ch	[ʈ 쩌] ■ chị [찌] 언니 / 누나, 손윗여자
D d	[ʐ 저] ■ dạ [자] 예(정중한 대답), dễ [제] 쉬운
Đ đ	[ɗ / ʔd 더] ■ đã [다] 이미 ~했다(과거형), đang [당] ~ 중이다(진행형)
E e	[ɛ 애] ■ em [앰] 손아랫사람, 동생, hẹn [핸] 약속하다

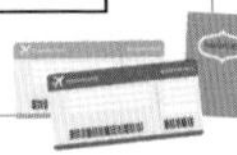

Ê ê	[e 에] ■ êm [엠] 부드러운, 고요한, lên [렌] 오르다, ~위에
G g	[ʒ / ɣ 거] *g + (a, ă, â, o, ô, ơ, u, ư) ■ gái [가이] 여성의 총칭(특히 소녀), gửi [그이] 보내다
Gh gh	[g 거] *gh + (e, ê, I) ■ ghé [게] 잠시 들르다, ghen [겐] 시샘하는, 시기하는
Gi gi	[ʑ 저] ■ giá [자] 가격, giỏi [조이] 잘하는
H h	[h 허] ■ hạ [하] 내리다, 여름, hai [하이] 2(숫자)
I i	[i 짧은 이] ■ im [임] 조용한, 고요한, mì [미] 국수, 밀
K k	[k 꺼] *k + (e, ê, i, y) ■ kể [께] 일일이 세다, 말하다, ký [끼] 서명하다, 보내다
Kh kh	[kx~x 커] ■ khá [카] 제법, 상당히, khen [켄] 칭찬하다
L l	[l 러] ■ lòng [롱] 배, 내장, lo [로] 걱정하다, 근심하는
M m	[m 머] ■ mẹ [매] 어머니, mềm [멤] 부드러운
N n	[n 너] ■ năm [남] 년(年), nên (넨) 그러므로, ~하는 것이 좋다, 왜냐하면~
Ng ng	[ŋ 응 / 어-ㅇ] *ng + (a, ă, â, o, ô, ơ, u, ư) ■ ngay [응아이] 즉시, 바로, ông [옹] 노인, 할아버지
Ngh ngh	[ŋ 응어](e, ê, I) ■ nghĩ [응이] 생각하다, nghỉ [응이] 쉬다
Nh nh	[ɲ 녀] ■ nho [뇨] 포도, anh [아잉] 오빠 / 형, 손윗남자
O o	[ɔ 오] ■ khó [코] 어려운, học [혹] 공부하다
Ô ô	[o 오] ■ ồn [온] 소음, 시끄러운, số [쏘] 수, 번호
Ơ ơ	[ɣ 어] ■ ở [어] ~에, 살다, nhờ
P p	[p 뻐] ■ dịp [집] 기회, 때
Ph ph	[f 퍼] ■ phải [파이] 반드시 ~해야 한다, phở [퍼] 베트남 쌀국수의 한 종류
Qu qu	[kw 꾸어] *q+u ■ qua [꾸아] ~를 가로지르다, 전날에, quý [꾸이] 귀중한
R r	[z 저] ■ ra [자] 나오다, 나가다, rẻ [제] 값이 싼
S s	[ʂ 써] ■ sân [썬] 마당, sẽ [쎄] ~할 것이다(미래형)

T t	[t 떠] ■ tai [따이] 귀, tất [떳] 양말
Th th	[th 터] ■ thân [턴] 친한, thi [티] 시험, 시험보다
Tr tr	[~tʂ 쩌] ■ trả [짜] 돌려주다, trên [쩬] 위, 위의
U u	[u 우] ■ uống [우옹] 마시다, dù [주] 비록 ~일지라도
Ư ư	[ɯ 으] ■ ừ [으] 응(친밀한 사이에서의 대답), như [느] ~와 같이, ~처럼
V v	[v / j 버] ■ và [바] 그리고, vẽ [베] (그림을) 그리다
X x	[ʂ~ɕ 써] ■ xa [싸] (거리가) 먼, xin [씬] 청하다, 요구하다
Y y	[iː 긴 i] ■ y tá [이 따] 간호사, kỹ [끼] 주의 깊게, 신중히

3. 이중[삼중] 모음

① 베트남어에는 이중 또는 삼중모음이 있다. 이중[삼중] 모음의 발음 원칙은 각각의 모음을 이어 발음하는 것이다.

- ai → 아 + 이 [아이] → bay [바이]

② 그러나 ia, ua, ưa에서는 a [아]가 [어]로 발음된다.

- kia [끼어] 저, 저쪽에
- của [꾸어] ~의(소유격)
- bữa [브어] 낮, 주간

4. 성조

베트남어에는 6개의 성조가 있다. 성조는 단어의 핵심 모음 위 혹은 아래에 표시한다. 철자가 동일한 단어라 하여도 성조가 다르면 의미가 달라지므로 철자뿐만 아니라 성조도 정확히 발음해야 한다.

표기	이름	발음법
	không dấu	꺾이지 않는 곧은 평상음으로 발음한다
′	dấu sắc	위로 올라가는 상승음으로 발음한다
ˋ	dấu huyền	부드럽게 내린다
?	dấu hỏi	살짝 올라가는 듯 굴절시켜 내린다
~	dấu ngã	꺾이는 상승음, 높은 톤으로 끊어읽듯 발음한다
.	dấu nặng	짧고 낮은 저음이다

UNIT 01

인사의 표현

흔히 인사표현은 시간, 장소, 대상, 상황에 따라 달리 표현되는데 어떤 장소나 상황에서라도 모르는 사람을 만나면 무조건 가볍게 인사를 건네도록 합시다. 일상적인 회화에서 가장 많이 쓰이는 말이 Chào!와 Xin Chào!입니다. 가게의 점원이 Có khỏe không?라고 가볍게 말을 걸면, 이것은 '안녕하세요?' 정도의 가벼운 뉘앙스로 Chào! / Xin chào!의 뜻입니다.

Q : 안녕하세요.
Hi!
Chào anh(chị)!
짜오 아잉(찌)

A : 안녕하세요.
Hello!
Xin chào!
신 짜오

안녕하세요.
Good morning(afternoon, evening).
Chào buổi sáng.
짜오 부오이 상

잘 지내셨습니까?
How are you?
Anh(Chị) có khỏe không?
아잉(찌) 꼬 코에 콩

안녕하세요?(아침/점심/저녁 드셨어요?)
Good morning. / Good afternoon. / Good evening.
Chào buổi sáng. / Chào buổi chiều. / Chào buổi tối.
짜오 부오이 쌍 / 짜오 부오이 찌에우 / 짜오 부오이 또이

잘 지냅니다. 당신은요?
Fine thank you. And you?
Tôi khỏe cảm ơn. Còn anh(chị)?
또이 코에 깜언 꼰 아잉(찌)

처음 뵙겠습니다.
Nice to meet you.
Rất vui được gặp anh(chị).
젓 부이 드억 갑 아잉(찌)

저 역시 만나서 반갑습니다.
Nice to meet you, too.
Tôi cũng rất vui được gặp anh(chị).
또이 꿍 젓 부이 드억 갑 아잉(찌)

안녕히 계십시오(가십시오).
Goodbye.
Tạm biệt.
땀 비엣

내일 또 만납시다.
See you tomorrow.
Hẹn gặp lại ngày mai.
헨 갑 라이 응아이 마이

한국에서 다시 만납시다.
See you in Korea.
Hẹn gặp lại tại Hàn Quốc.
헨 갑 라이 따이 한 꾸옥

UNIT 02

감사의 표현

감사의 표현은 무조건 Cảm ơn.입니다. 감사의 기분을 강하게 전하고 싶을 경우에는 뒤에 nhiều 등을 붙여서 뜻을 강조합니다. "대단히 감사합니다."라는 뜻으로 Cảm ơn nhiều. / Cảm ơn quá. / Rất cảm ơn. 등이 있습니다.

Q : 감사합니다.
Thank you.
Cảm ơn.
깜 언

A : 천만에요.
You're welcome.
Không có gì.
콩 꼬 지

고마워요.
Thanks.
Cảm ơn.
깜 언

대단히 감사합니다.
Thank you very much.
Cảm ơn rất nhiều.
깜 언 젓 니에우

감사드립니다.
I appreciate it.
Cảm ơn.
깜 언

친절에 감사드립니다.
Thank you for your kindness.
Cảm ơn lòng tốt của anh(chị).
깜 언 롱 똣 꾸어 아잉(찌)

도와주셔서 감사드립니다.
Thank you for your help.
Cảm ơn sự giúp đỡ của anh(chị).
깜 언 스 즙 더 꾸어 아잉(찌)

여러모로 감사드립니다.
Thank you for everything.
Cảm ơn anh(chị) về mọi thứ.
깜 언 아잉(찌) 베 모이 트

진심으로 감사드립니다.
Heartily, thank you.
Chân thành cảm ơn.
쩐 타잉 깜 언

신세가 많았습니다.
You were a big help.
Tôi mang ơn anh(chị) rất nhiều.
또이 망 언 아잉(찌) 젓 니에우

천만에요.
You're welcome.
Không có gì.
콩 꼬 지

UNIT 03

사과의 표현

다소 가벼운 의미의 '실례합니다'와 책임이나 진정성을 나타낼 경우 모두 Xin lỗi.를 사용합니다. 다른 사람 앞을 지나갈 때, 재채기를 했을 때, 방문할 때 또는 타인의 발을 밟았을 때, 어깨를 부딕쳤을 때 등의 경우에도 Xin lỗi.를 씁니다. 이에 대해 Không có gì. / Không sao.(괜찮습니다.)로 대답합니다.

Q : 미안합니다.
I'm sorry.
Xin lỗi.
신 로이

A : 괜찮습니다.
That's all right.
Không sao.
콩 싸오

정말로 죄송합니다.
I'm really sorry.
Thành thật xin lỗi.
타잉 텃 신 로이

늦어서 미안합니다.
I'm sorry I'm late.
Xin lỗi, tôi đến muộn.
신 로이 또이 덴 무온

실례합니다(실례했습니다).

Excuse me.

Xin lỗi.

신 로이

제가 잘못했습니다.

It's my fault.

Đó là lỗi của tôi.

도 라 로이 꾸어 또이

제 잘못이 아닙니다.

That's not my fault.

Đó không phải là lỗi của tôi.

도 콩 파이 라 로이 꾸어 또이

용서하십시오.

Please forgive me.

Xin hãy tha lỗi cho tôi.

신 하이 타 로이 쪼 또이

폐를 끼쳐드렸습니다.

I'm sorry to trouble you.

Xin lỗi đã làm phiền.

신 로이 다 람 피엔

걱정하지 마십시오.

Don't worry.

Xin đừng lo lắng.

신 등 로 랑

신경 쓰지 마십시오.

No problem.

Xin đừng bận tâm.

신 등 번 떰

UNIT 04

응답의 표현

애매모호한 답변은 피하고 분명하게 대답해 봅시다. Tôi có thể hút thuốc được không?(담배를 피워도 되겠습니까?)처럼 허락을 구하는 질문에는 허락할 경우에 Được.(Không sao.), 허락하지 않을 경우에 Không.으로 대답합니다.

Q : 커피 더 드시겠습니까?

More coffee?

Anh(Chị) có muốn dùng thêm cà phê?

아잉(찌) 꼬 무온 중 템 까 페

A : 예, 주십시오.

Yes, please.

Vâng, làm ơn.

벙 람 언

예. / 아니오.

Yes. / No.

Vâng. / Không.

벙 / 콩

예, 그렇습니다.

Yes, it is.

Vâng, đúng như vậy.

벙 둥 느 버이

아니오, 그렇지 않습니다.
No, it isn't.
Không, không phải như vậy.
콩 콩 파이 느 버이

예, 고마워요.
Yes, thank you.
Vâng, cảm ơn.
벙 깜 언

아니오, 괜찮습니다.
No, thank you.
Không, Không sao.
콩 콩 싸오

맞습니다.
That's right.
Đúng rồi.
둥 조이

알겠습니다.
I understand.
Tôi hiểu rồi.
또이 히에우 조이

모르겠습니다.
I don't know.
Tôi không hiểu.
또이 콩 히에우

틀림없습니다.
That's correct.
Đúng rồi. / Chính xác.
둥 조이 / 찐 싹

UNIT 05

되물음의 표현

현지에서 말하는 베트남어는 빠르게 들리기 때문에 알고 있는 단어도 놓치는 경우가 많습니다. 그럴 때는 주저하지 말고 되묻도록 합시다. 노골적으로 '분명하게 말해 주세요'라고 하기보다는 '천천히 말해 주세요'라는 표현을 쓰도록 합시다. 잘 못 알아들었을 경우에는 Nói lại được không? / Xin lỗi?라는 표현을 사용하여 의사소통을 제대로 합시다.

Q : 저도 여기는 처음입니다.
I'm new here too.
Tôi cũng đến đây lần đầu tiên.
또이 꿍 덴 더이 런 더우 띠엔

A : 예, 뭐라고요?
Pardon me?
Xin lỗi, anh(chị) nói gì?
신 로이 아잉(찌) 노이 지

뭐라고 하셨습니까?
What did you say?
Anh(Chị) vừa nói gì?
아잉(찌) 브어 노이 지

다시 한번 말씀해 주시겠습니까?
Could you say that again?
Anh(Chị) có thể nói lại được không?
아잉(찌) 꼬 테 노이 라이 드억 콩

좀 더 천천히 말씀해 주십시오.
Please speak more slowly.
Anh(Chị) hãy nói chậm một chút?
아잉(찌) 하이 노이 쩜 못 쭛

뭐라고요?
What?
Anh(Chị) nói gì?
아잉(찌) 노이 지

그건 무슨 뜻입니까?
What does it mean?
Cái đó có nghĩa gì?
까이 도 꼬 응이아 지

이건 어떻게 발음합니까?
How do you pronounce it?
Cái này phát âm như thế nào?
까이 나이 팟 엄 느 테 나오

제가 말하는 것을 알겠습니까?
Do you understand me?
Anh(Chị) có hiểu lời tôi nói không?
아잉(찌) 꼬 히에우 러이 또이 노이 콩

써 주십시오.
Write it down, please.
Xin hãy viết ra.
신 하이 비엣 자

간단히 설명해 주세요.
Please explain briefly
Xin hãy giải thích một cách đơn giản.
신 하이 쟈이 틱 못 까익 던 쟌

UNIT 06

구체적인 질문 표현

해외에 나가면 생소한 것이 대부분이어서 궁금하기 마련입니다. 몇몇 중요한 질문형을 기억해 둡시다. 특히 Anh(Chị) thích loại ~ gì?(종류) / Bây giờ là mấy giờ?(시각) / Hôm nay là mấy ngày?(날짜) / Bạn nghĩ như thế nào về đó?(견해) / Bạn muốn gì?(기호) / Chuyện gì đấy?(용무) 따위의 표현은 반드시 익혀 둡시다.

Q : 이건 무엇입니까?
What's this?
Cái này là gì?
까이 나이 라 지

A : 한국 인스턴트 식품입니다.
It's Korean instant foods.
Đó là thực phẩm ăn liền của Hàn Quốc.
도 라 특 펌 안 리엔 꾸어 한 꾸옥

이건 무엇에 쓰는 것입니까?
What's this for?
Cái này dùng vào việc gì?
까이 나이 중 바오 비엑 지

저 빌딩은 무엇입니까?
What's that building?
Tòa nhà đó là gì?
또아 냐 도 라 지

이름이 뭡니까?
What's your name?
Tên anh(chị) là gì? / Anh(Chị) tên là gì?
뗀 아잉(찌) 라 지 / 아잉(찌) 뗀 라 지

그건 뭡니까?
What's that?
Cái này là gì?
까이 나이 라 지

무얼 찾고 있습니까?
What are you looking for?
Anh(Chị) đang tìm gì?
아잉(찌) 당 띰 지

무슨 일을 하십니까?
What do you do?
Anh(Chị) làm nghề gì?
아잉(찌) 람 녜 지

전화번호는 몇 번입니까?
What's your phone number?
Số điện thoại của anh(chị) là gì?
쏘 디엔 토아이 꾸어 아잉(찌) 라 지

이것이 무엇인지 아십니까?
Do you know what this is?
Anh(Chị) có biết cái này là cái gì không?
아잉(찌) 꼬 비엣 까이 나이 라 까이 지 콩

지금 무엇을 하고 있습니까?
What are doing now?
Anh(Chị) đang làm gì?
아잉(찌) 당 람 지

UNIT 07

장소에 관한 표현

ở đâu는 주로 '장소'를 물을 때 사용하지만 그밖에 방향이나 목적지, 갈 곳, 입장, 상태 등도 나타냅니다. Nhà vệ sinh nữ ở đâu?(여자 화장실은 어디에 있습니까?)의 Nhà vệ sinh nữ처럼 악센트는 질문하고 싶은 곳에 둡니다. 흔히 "여기가 어디입니까?"라는 표현을 궁금해하는데 간단히 Nơi này ở đâu? 라고 하면 됩니다.

Q : 화장실은 어디입니까?
Where's the rest room?
Nhà vệ sinh ở đâu?
냐 베 씬 어 더우

A : 입구 근처에 있습니다.
It's by the entrance.
Ở gần lối vào.
어 건 로이 바오

여기는 어디입니까?
Where are we?
Đây là đâu?
더이 라 더우

어디에서 오셨습니까?
Where are you from?
Anh(Chị) đến từ đâu?
아잉(찌) 덴 뜨 더우

면세점은 어디에 있습니까?
Where's the duty-free shop?
Của hàng miễn thuế ở đâu?
꾸어 항 미엔 투에 어 더우

입구는 어디입니까?
Where's the entrance?
Lối vào ở đâu?
로이 바오 어 더우

그건 어디서 살 수 있습니까?
Where can I buy it?
Tôi có thể mua cái này ở đâu?
또이 꼬 테 무어 까이 나이 어 더우

버스정류장은 어디입니까?
Where's the bus stop?
Bến xe buýt ở đâu?
벤 쎄 뷧 어 더우

저는 이 지도의 어디에 있습니까?
Where am I on this map?
Tôi đang ở đâu trên bản đồ này?
또이 당 어 더우 쩬 반 도 나이

어디에서 얻을 수 있습니까?
Where can I get it?
Tôi có thể lấy cái này ở đâu?
또이 꼬 테 러이 까이 나이 어 더우

어디 출신입니까?
Where are you from?
Anh(Chị) là người nước nào?
아잉(찌) 라 응어이 느 나오

UNIT 08

정도의 표현

정도나 수량을 물을 때 쓰이는 것이 bao nhiêu와 thế nào입니다. 얼마(가격), 어느 정도(정도, 양), 어떤(방법, 수단), 어떤 식으로(상태), 왜(이유, 원인), 언제까지(시간) 등 매우 폭넓게 쓰입니다. 흔히 길을 묻는 경우에 Cách đây xa bao nhiêu?(얼마나 멉니까?) / Đi đến bưu điện như thế nào?(우체국까지 어떻게 갑니까?) 등의 표현이 활용됩니다.

Q : 얼마입니까?
How much is it?
Cái này bao nhiêu tiền?
까이 나이 바오 니에우 띠엔

A : 13,000동입니다.
It's 13,000 dong.
Cái này mười ba nghìn đồng.
까이 나이 므어이 바 응인 동

입장료는 얼마입니까?
How much is it to get in?
Phí vào cửa là bao nhiêu?
피 바이 끄어 라 바오 니에우

공항까지 얼마입니까?
How much is it to the airport?
Đi đến sân bay hết bao nhiêu tiền?
디 덴 썬 바이 헷 바오 니에우 띠엔

이 넥타이는 얼마입니까?
How much is this tie?
Cà vạt này bao nhiêu tiền?
까 벗 나이 바오 니에우 띠엔

얼마입니까?
How much does it cost?
Cái này bao nhiêu tiền?
까이 나이 바오 니에우 띠엔

박물관까지 얼마나 됩니까? (거리)
How far is it to the museum?
Để đến bảo tàng bao xa?
데 덴 바오 땅 티 멋 바오 러우

역까지 얼마나 걸립니까?
How long does it take to the station?
Đến ga mất bao nhiêu thời gian?
덴 가 멋 바오 니에우 터이 쟌

자리는 몇 개 비어 있습니까?
How many seats are available?
Có bao nhiêu chỗ trống?
꼬 바오 니에우 쪼 쫑

몇 살입니까?
How old are you?
Bao nhiêu tuổi ạ?
바오 니에우 뚜오이 아

몇 분이십니까?
For how many people, please?
Có bao nhiêu người vậy ạ?
꼬 바오 니에우 응어이 버이 아

UNIT 09

유무에 관한 표현

해외여행 중에는 무엇인가가 있는지 없는지를 물어봐야 할 때가 많습니다. Có는 '가지고 있다'라는 소유의 의미에서 '~이(가) 있다'라는 일반적인 존재에 이르기까지 넓은 의미로 쓰입니다. 백화점이나 레스토랑 등에서 자신이 갖고 싶은 것, 사고 싶은 것, 먹고 싶은 것이 있는지 없는지를 묻는 데 편리한 표현입니다. 질문 표현으로 Có ~ không?의 패턴 문형을 즐겨 사용합니다.

Q : 필름은 있습니까?
Do you have any film?
Anh(Chị) có phim không?
아잉(찌) 꼬 핌 콩

A : 네. 여기 있습니다.
Yes, right here.
Vâng, tôi có đây.
벙 또이 꼬 더이

2인석은 있습니까?
Do you have a table for two?
Có bàn hai người không?
꼬 반 하이 응어이 콩

오늘 밤, 빈방은 있습니까?
Do you have a room for tonight?
Có phòng trống tối nay không?
꼬 퐁 쫑 또이 나이 콩

좀 더 큰 것은 있습니까?
Do you have a larger one?
Có cái nào lớn hơn không?
꼬 까이 나오 런 헌 콩

흰색 셔츠는 있습니까?
Do you have any shirt in white?
Có áo sơ mi trắng không?
꼬 아오 서 미 짱 콩

관광지도는 있습니까?
Do you have a sightseeing map?
Có bản đồ du lịch không?
꼬 반 도 유 릭 콩

야간관광은 있나요?
Do you have a night tour?
Có tour du lịch ban đêm không?
꼬 투어 쥬 릭 반 뎀 콩

공중전화는 있나요?
Do you have a payphone?
Có điện thoại công cộng không?
꼬 디엔 토와이 꽁 꽁 콩

단체할인은 있습니까?
Do you have a group discount?
Có giảm giá theo đoàn không?
꼬 쟘 쟈 테오 도안 콩

네, 여기 있습니다.
Yes, right here.
Vâng, đây ạ.
벙 더이 아

UNIT 10

의뢰에 관한 표현

의뢰의 표현에서 Làm ơn ~? 혹은 Hãy ~?를 사용하는 것은 상대를 존중하기 위해 자기를 낮추는 정중한 표현이 되기 때문입니다. 우리가 쓰기에 무난한 표현은 Hãy ~?의 형태입니다.

Q : 마실 것은 무얼로 하시겠습니까?
What would you like to drink?
Anh(Chị) muốn uống gì?
아잉(찌) 무온 우옹 지?

A : 커피 주세요.
Coffee, please.
Cho tôi cà phê.
쪼 또이 까 페

계산을 부탁합니다.
Check, please.
Tính tiền.(남부, 북부) / Thanh toán.(북부)
띤 띠엔 / 타잉 또안

도와주시겠습니까?
Can you help me?
Anh(Chị) có thể giúp tôi được không?
아잉(찌) 꼬 테 즙 또이 드억 콩

부탁이 있는데요.
Could you do me a favor?
Tôi có một việc muốn nhờ.
또이 꼬 못 비엑 무온 녀

이걸 하나 주세요.
Can I have a this one?
Cho tôi một cái này.
쪼 또이 못 까이 나이

지금 어디에 있는지 가르쳐 주세요.
Could you show me where I am now?
Làm ơn cho tôi biết tôi đang ở đâu.
람 언 쪼 또이 비엣 또이 당 어 더우

주문 부탁합니다.
Order, please.
Mời anh(chi) gọi món?
머이 아잉(찌) 고이 몬

맥주를 주시겠어요?
Can I have a beer?
Có thể cho tôi một ly bia không?
꼬 테 쪼 또이 못 리 비어 콩

이걸 주세요.
I'll take it.
Cho tôi cái này.
쪼 또이 까이 나이

그 사무실까지 태워주시겠어요?
Would you drive(take) me to the office?
Anh(Chị) có thể đưa tôi đến văn phòng này được không?
아잉(찌) 꼬 테 드어 또이 덴 반 퐁 나이 드억 콩

UNIT **11**

허락에 관한 표현

우리와는 습관이나 매너가 다른 나라를 여행할 때 허락을 구하거나 가능성을 묻거나 하는 장면이 많습니다. 특히 요즈음은 점점 '금연'으로 지정된 장소가 늘고 있기 때문에 담배를 피울 때는 Tôi có thể hút thuốc không?라고 묻고 나서 피우도록 합시다. Cho phép tôi ~ 따위의 표현은 공손한 표현법이라고 할 수 있습니다.

Q : 사진을 찍어도 됩니까?
May I take a picture here?
Tôi có thể ngồi ở đây không?
또이 꼬 테 응오이 어 더이 콩

A : 예, 괜찮습니다.
Yes, you may.
Được, không sao.
드억 콩 싸오

여기에 앉아도 됩니까?
May I sit here?
Tôi có thể ngồi đây không?
또이 꼬 테 응오이 더이 콩

안으로 들어가도 되겠습니까?
May I come in?
Tôi có thể vào trong không?
또이 꼬 테 바오 쫑 콩

여기서 담배를 피워도 됩니까?
May I smoke here?
Tôi có thể hút thuốc ở đây không?
또이 꼬 테 훗 투옥 어 더이 콩

창문을 열어도 되겠습니까?
May I open the window?
Tôi có thể mở cửa sổ không?
또이 꼬 테 머 끄어 소 콩

잠깐 여쭤도 될까요?
May I ask you something?
Tôi có thể hỏi anh(chị) một chút không?
또이 꼬 테 호이 아잉(찌) 못 쭛 콩

방을 봐도 되겠습니까?
Can I see the room?
Tôi có thể xem phòng không?
또이 꼬 테 셈 퐁 콩

이것을 가져가도 됩니까?
Can I take this?
Tôi có thể lấy cái này không?
또이 꼬 테 러이 까이 나이 콩

카드로 지불해도 됩니까?
Can I pay in credit card?
Tôi có thể thanh toán bằng thẻ không?
또이 꼬 테 타잉 또안 방 테 콩

담배를 피워도 괜찮겠습니까?
May I smoke?
Tôi có thể hút thuộc được không?
또이 꼬 테 훗 투옥 드억 콩

UNIT 12

긴급상황 시의 표현

여행지에서 곤란한 상황에 부닥치거나 하면 우선 옆에 있는 사람에게 곤란한 상황을 전하거나 도움을 요청하도록 합시다. 그러면 해결의 실마리를 찾을 수 있을 겁니다. 여기에 적힌 회화 예문은 가장 필요한 것만을 모은 것으로, 가능하면 모두 암기해서 여행을 떠나도록 합시다.

Q : 급합니다.

I'm in a hurry.

Tôi đang rất gấp.

또이 당 젓 겁

A : 최선을 다하겠습니다.

I'll do my best.

Tôi sẽ làm hết sức.

또이 세 람 헷 쓱

긴급사태입니다.

I have an emergency.

Tôi đang trong trường hợp khẩn cấp.

또이 당 쫑 쯔엉 헙 컨 껍

도와줘요(살려줘요)!

Help! / Help me!

Giúp tôi với! / Cứu tôi với!

쥽 또이 버이 / 끄우 또이 버이

그만둬!

Stop it!

Dừng lại đi!

증 라이 디

도둑이야, 서!

Stop, thief!

Đứng lại, ăn trộm!

등 라이 안 쫌

저 사람, 잡아요!

Get him!

Bắt tên đó lại!

밧 뗀 도 라이

경찰을 불러요!

Call the police!

Hãy gọi cảnh sát!

하이 고이 까잉 쌋

움직이지 마!

Hold it!

Đừng chuyển động!

등 쭈옌 동

손들어!

Hands up!

Giơ tay lên!

져 따이 렌

여기서 나가!

Get out of here!

Ra ngoài ngay!

자 응오아이 응아이

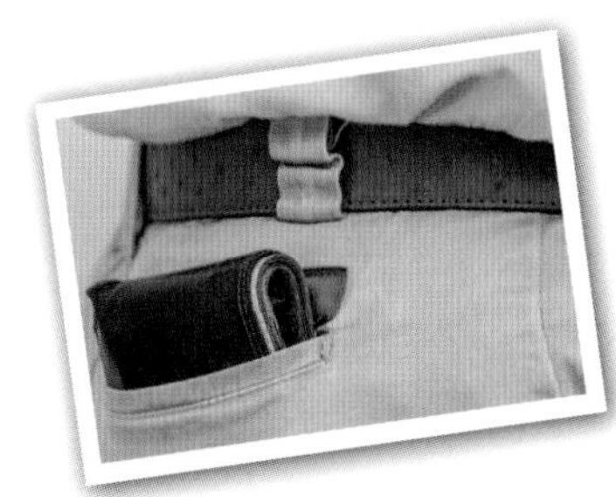

사물·장소·방향을 나타내는 단어		
이것	cái này	까이 나이
그것	cái đó	까이 도
저것	cái kia	까이 끼아
어느 것	cái nào	까이 나오
여기	ở đây / nơi đây	어 더이 / 너이 더이
거기	ở đó / nơi đó	어 도 / 너이 도
저기	ở kia / nơi kia	어 끼아 / 너이 끼아
어디	ở đâu	어 더우
이쪽	bên này / phía này	벤 나이 / 피아 나이
그쪽	bên đó / phía đó	벤 도 / 피아 도
저쪽	bên kia / phía kia	벤 끼아 / 피아 끼아
어느 쪽	bên nào / phía nào	벤 나오 / 피아 나오

사람을 가리킬 때 쓰이는 단어		
저	em	엠
나	tôi	또이
나(남자)	anh	아잉
나(거만한 표현)	tao	따오
당신	anh(chị)	안(찌)
자네, 너	em	엠
너	em	엠
씨, 양	chị	찌
이분	vị này	비 나이
그분	vị đó	비 도
저분	vị kia	비 끼아
어느 분	vị nào	비 나오
누구	ai	아이
어느 분	vị nào	비 나오
그, 그이	anh	아잉
그녀	chị	찌

방향을 나타내는 단어		
위	trên	쩬
가운데 / 사이	trong / giữa	쫑/지으어
아래	dưới	즈어이
오른쪽	bên phải	벤 파이
왼쪽	bên trái	벤 짜이
동쪽	phía đông	피아 동
서쪽	phía tây	피아 따이
남쪽	phía nam	피아 남
북쪽	phía bắc	피아 박
앞	trước	쯔억
뒤	sau	사우
옆•가로	bên cạnh	벤 깐

때를 나타내는 단어		
그제	hôm kia	홈 끼아
어제	hôm qua	홈 꽈
오늘	hôm nay	홈 나이
내일	ngày mai	응아이 마이
모레	ngày kia	응아이 끼아
매일	hàng(mỗi) ngày	항(모이) 응아이
지난주	tuần trước	뚜언 쯔억
금주	tuần này	뚜언 나이
다음 주	tuần sau	뚜언 사우
매주	mỗi(hàng) tuần	모이(항) 뚜언
지난달	tháng trước	탕 쯔억
이번 달	tháng này	탕 나이
다음 달	tháng sau(tới)	탕 사우(떠이)
매월	mỗi(hàng) tháng	모이(항) 탕
작년	năm trước	남 쯔억
금년	năm nay	남 나이
내년	năm sau(tới)	남 사우(떠이)
매년	mỗi(hàng) năm	모이(항) 남

기 수		
0	không	콩
1	một	못
2	hai	하이
3	ba	바
4	bốn	본
5	năm	남
6	sau	사우
7	bảy	바이
8	tám	땀
9	chín	찐
10	mười	므어이
11	mười một	므어이 못
12	mười hai	므어이 하이
13	mười ba	므어이 바
14	mười bốn	므어이 본
15	mười lăm	므어이 람
16	mười sau	므어이 사우
17	mười bảy	므어이 바이
18	mười tám	므어이 땀
19	mười chin	므어이 찐
20	hai mười	하이 므어이
30	ba mươi	바 므어이
40	bốn mươi	본 므어이
50	năm mươi	남 므어이
60	sau mươi	사우 므어이
70	bảy mươi	바이 므어이
80	tám mươi	땀 므어이
90	chín mươi	찐 므어이
100	một tram	못 짬
1,000	một nghìn / một ngàn	못 응인 / 못 응안
10,000	mười nghìn / một vặn	므어이 응인 / 못 반
100,000	một tram nghìn / mười vạn	못 짬 응인 / 므어이 반
1,000,000	một triệu	못 찌에우

서 수		
첫 번째	thứ nhất	트 녓
두 번째	thứ hai	트 하이
세 번째	thứ ba	트 바
네 번째	thứ tư	트 뜨
다섯 번째	thứ năm	트 남
여섯 번째	thứ sau	트 사우
일곱 번째	thứ bảy	트 바이
여덟 번째	thứ tám	트 땀
아홉 번째	thứ chin	트 찐
열 번째	thứ mười	트 므어이
열한 번째	thứ mười một	트 므어이 못
열두 번째	thứ mười hai	트 므어이 하이
열세 번째	thứ mười ba	트 므어이 바
열네 번째	thứ mười bốn	트 므어이 본
열다섯 번째	thứ mười lăm	트 므어이 람
스무 번째	thứ hai mươi	트 하이 므어이
서른 번째	thứ ba mươi	트 바 므어이
마흔 번째	thứ bốn mươi	트 본 므어이
쉰 번째	thứ năm mươi	트 남 므어이
예순 번째	thứ sau mươi	트 사우 므어이
일흔 번째	thứ bảy mươi	트 바이 므어이
여든 번째	thứ tám mươi	트 땀 므어이
아흔 번째	thứ chin mươi	트 찐 므어이
백 번째	thứ tram	트 짬

그밖의 숫자		
1/2	phân nửa	펀 느어
1/3	một phần ba	못 펀 바
1/4	một phần bốn	못 펀 본
두 배	gấp đôi(hai)	갑 도이(하이)
세 배	gấp ba	갑 바
한 번	một lần	못 런
두 번	hai lần	하이 런
세 번	ba lần	바 런

신 체

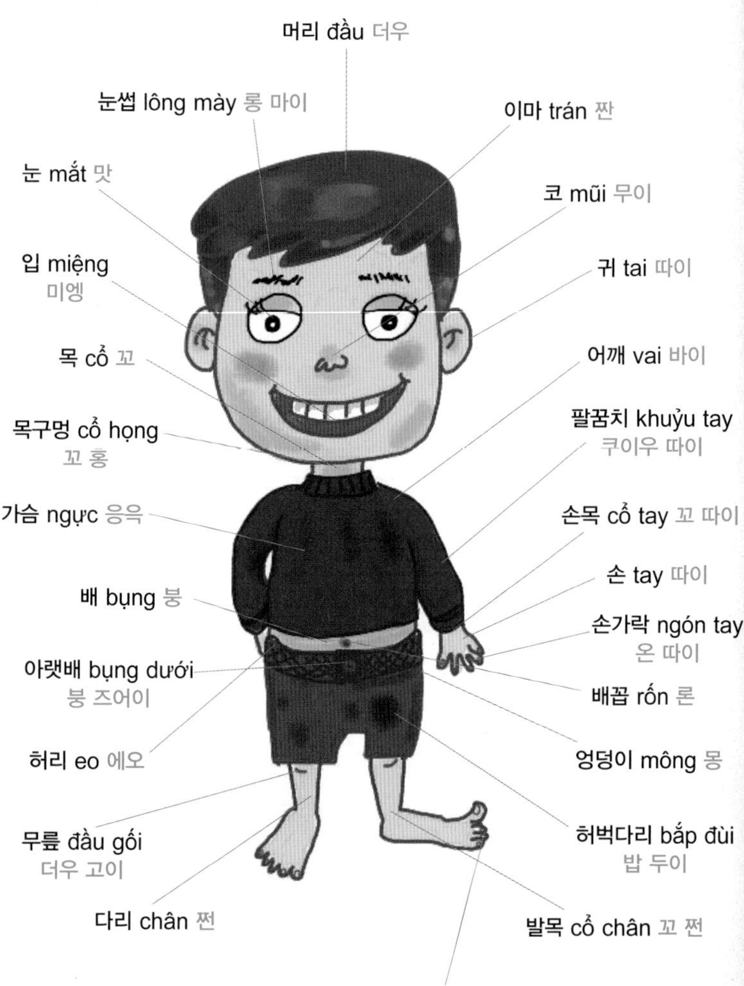
머리 đầu 더우
눈썹 lông mày 롱 마이
이마 trán 짠
눈 mắt 맛
코 mũi 무이
입 miệng
미엥
귀 tai 따이
목 cổ 꼬
어깨 vai 바이
목구멍 cổ họng
꼬 홍
팔꿈치 khuỷu tay
쿠이우 따이
가슴 ngực 응윽
손목 cổ tay 꼬 따이
배 bụng 붕
손 tay 따이
손가락 ngón tay
온 따이
아랫배 bụng dưới
붕 즈어이
배꼽 rốn 론
허리 eo 에오
엉덩이 mông 몽
무릎 đầu gối
더우 고이
허벅다리 bắp đùi
밥 두이
다리 chân 쩐
발목 cổ chân 꼬 쩐
발끝 mũi bàn chân 무이 반 쩐

PART

2

출입국

출입국에 관한 정보

출국하기 전에

여권을 자신이 직접 갖고 있는 경우는 반드시 출발 1~3일 전에 항공사나 여행사에 예약 재확인을 하고, 여행을 하고자 하는 나라의 날씨, 주의사항, 문화 등 간단한 정보를 확인해 둔다. 환전은 시내 은행이나 공항에서도 가능하며, 환전할 때는 여권이 꼭 필요하다.

출국하는 날

보통 국제선은 출발시간 2시간 전, 국내선은 1시간 전부터 출국 수속을 시작한다. 주말에는 공항이 항상 붐비고 수속이 더뎌지게 마련이므로 미리 서둘러 공항에 가는 게 좋다.

비행기의 좌석 배정은 보딩패스(비행기 티켓을 좌석권으로 바꾸는 것)할 때 정해지므로 일찍 할수록 원하는 자리에 앉을 수 있다.

공항에서

짐이 많은 사람들은 내용물이 손상되지 않게 잘 포장한 다음 보딩패스를 할 때 짐을 부치고, 반드시 TAG(짐을 부칠 때 항공사에 주는 꼬리표; 보통 항공편명, 출발지, 도착지, 시간이 적혀 있음)를 받고 가방에도 이름표를 꼭 달아놓는다. 휴대한 귀중품은 세관을 통과할 때 꼭 신고하여 입국 시 문제가 발생하지 않도록 해야 한다. 기내에는 간단한 휴대용 가방만 갖고 들어갈 수 있다.

기내에서

비행기를 처음 타거나 배정된 좌석을 찾기 힘들 땐 항상 항공사 스튜어디스에게 도움을 청하면 된다. 만약 외국 비행기에 탑승했을 경우 의사소통이 어렵더라도 좌석권을 스튜어디스에게 보여 주기만 하면 직원들이 알아듣고 서비스를 제공해 준다. 승무원을 호출할 때는 호출버튼을 이용한다.

스튜어디스가 나눠주는 해당 국가의 입국카드가 배포되면 승무원의 도움을 받아 기재하면 된다. 서울에서 출발하는 비행기는 외국의 비행기라도 한국인 스튜어디스나 한국어를 할 줄 아는 외국인 스튜어디스가 있다.

입국심사

도착하면 Arrival이라는 표시를 따라간다. 다른 승객도 가기 때문에 따라서 가면 된다. 입국심사 장소가 외국인(Alien)과 내국인으로 나뉘어 있고, 물론 외국인 쪽에 서야 한다.

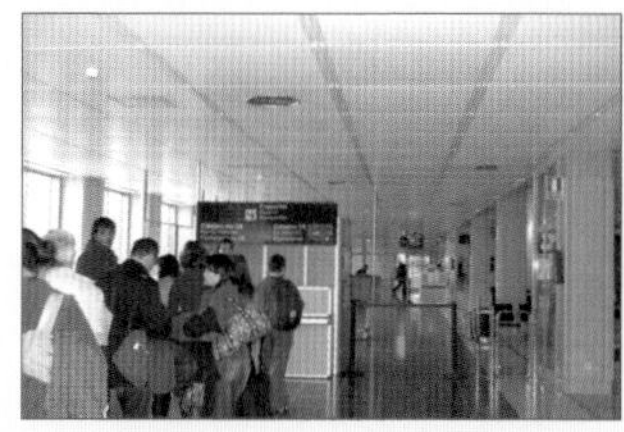

○질문은 세 가지

입국심사는 한 사람씩 심사관 앞에서 하기 때문에 긴장하는 사람도 있지만 무서워할 필요는 없다. 우선 심사관에게 '안녕하세요?' 등 밝게 인사를 하고 담당관의 안내에 따르자.

심사관은 여행자가 가지고 있는 여권과 비자, 그리고 돈은 얼마나 가지고 있는가, 그런 것을 알고 싶을 뿐이다. 그리고 세계 어느 곳을 가더라도 질문하는 것은 세 가지로 여행 목적, 체류 기간, 체류 장소이다.

세관을 통과하면서

담당자는 권총이나 마약 등 소지가 금지되어 있는 물건을 여행자가 소지하고 있는가를 조사한다. 그러므로 보통 여행자는 걱정하지 않아도 된다. 다만 비상용으로 가지고 가는 구급약(특히 분말로 된 것)은 마약이 아닐까 의심받을 수 있기 때문에 의사나 약사의 처방전을 받아두는 것이 좋다. 그밖에 한국에서 가져가는 식료품 등도 설명이 필요할지 모른다.

UNIT 01

기내에서

출국심사를 마치고 비행기에 탑승하면 이제 한국 땅을 떠나게 됩니다. 국제선의 기내는 그 항공사가 소속하는 나라의 영토 취급을 합니다. 한국 출발의 외국 항공회사(hãng hàng không/công ty vận tải)의 편(chuyến bay)에는 대개 한국인 승무원이 탑승하고 있어서 말이 통하지 않아 불편한 점은 그다지 없습니다.

_______________ 을(를) 주세요.
_______________ please.
Làm ơn cho tôi _______________ nhé.
람 언 쪼 또이 녜

□ 커피	coffee	cà phê	까페
□ 홍차	tea	hồng trà	홍 짜
□ 오렌지주스	orange juice	nước cam	늑 깜
□ 맥주	a beer	bia	비어

Q : (항공권을 보이며) 제 좌석은 어디인가요?
Where's my seat?
Chỗ ngồi của tôi ở đâu?
쪼 응오이 꾸어 또이 어 더우

A : 이쪽 통로입니다.
In this aisle.
Bên lối này.
벤 로이 나이

좌석을 찾을 때

(탑승권을 보이며) 12B 좌석은 어디입니까?
Where is seat 12(twelve) B?
Ghế 12B ở đâu?
게 못 하이 베 어 더우

여기는 제 자리인데요.
I think this is my seat.
Đây là chỗ ngồi của tôi.
더이 라 쪼 응오이 꾸어 또이

여기에 앉아도 되겠습니까?
Can I here?
Tôi ngồi đây có được không?
또이 응오이 더이 꼬 드억 콩

(옆 사람에게) 자리를 바꿔 주시겠습니까?
Could I change seats?
Có thể đổi chỗ ngồi không?
꼬 테 도이 쪼 응오이 콩

저기 빈자리로 옮겨도 되겠습니까?
Could I move to an empty seat over there?
Tôi chuyển sang chỗ trống kia được không?
또이 쭈옌 상 쪼 쫑 끼아 드억 콩

잠깐 지나가겠습니다.
May I go through?
Tôi đi qua có được không?
도이 디 꽈 꼬 드억 콩

기내 서비스를 받을 때

음료는 뭐가 좋겠습니까?

What would you like to drink?

Anh(Chị) muốn uống gì?

아잉(찌) 무온 우옹 지

어떤 음료가 있습니까?

What kind of drinks do you have?

Có loại đồ uống nào?

꼬 로아이 도 우옹 나오

콜라는 있습니까?

Do you have coke?

Có Cô-la không?

꼬 꼬 라 콩

맥주를 주시겠습니까?

Can I have a beer?

Có thể cho tôi bia không?

꼬 테 쪼 또이 비어 콩

베개와 모포를 주세요

May I have a pillow and a blanket, please?

Cho tôi gối và chăn.

쪼 또이 고이 바 쩐

한국어 신문[잡지]은 있습니까?

Do you have any Korean newspapers[magazines]?

Có báo[tạp chí] Hàn Quốc không?

꼬 바오[떱 찌] 한 꾸옥 콩

기내식을 할 때

✈ 식사는 언제 나옵니까?

What time do you serve the meal?

Bao giờ thì phục vụ bữa ăn?

바오 져 티 푹 부 브어 안

✈ 소고기와 닭고기가 있는데, 어느 것으로 하시겠습니까?

Would you like beef or chicken?

Có thịt gà và thịt bò, anh(chị) chọn gì?

꼬 팃 가 바 팃 보 아잉(찌) 쫀 지

✈ 소고기로 주세요.

Beef, please.

Cho tôi thịt bò.

쪼 또이 팃 보

✈ 식사는 필요 없습니다.

I don't feel like eating dinner.

Tôi không muốn bữa ăn.

또이 콩 무온 브어 안

✈ 식사는 다 하셨습니까?

Are you through with your meal?

Anh(Chị) đã ăn xong chưa?

아잉(찌) 다 안 쏭 쯔어

✈ 잘 먹었습니다.

I enjoyed it. Thank you.

Cảm ơn vì bữa ăn.

깜 언 비 브어 안

입국카드 작성과 면세품 구입

✈ 이것은 입국카드입니까?

Is this the immigration form?

Đây có phải là tờ khai nhập cảnh không?

더이 꼬 파이 라 떠 카이 녑 까잉 콩

✈ 이 서류 작성법을 가르쳐 주시겠어요?

Could you tell me how to fill in this form?

Anh(Chị) có thể chỉ cho tôi cách điền tờ khai này không?

아잉(찌) 꼬 테 찌 쪼 또이 까익 디엔 떠 카이 나이 콩

✈ 기내에서 면세품을 판매합니까?

Do you sell tax-free goods on the flight?

Có bán hàng miễn thuế trong máy bay không?

꼬 반 항 미엔 투에 쫑 마이 바이 콩

✈ 어떤 담배가 있습니까?

What cigarettes do you have?

Có loại thuốc lá nào?

꼬 로아이 투옥 라 나오

✈ (면세품 사진을 가리키며) 이것은 있습니까?

Do you have this?

Có cái này không?

꼬 까이 나이 콩

✈ 한국 돈은 받습니까?

Do you accept Korean won?

Có nhận tiền Hàn Quốc không?

꼬 년 띠엔 한 꾸옥 콩

몸이 불편하거나 궁금한 사항을 물을 때

✈ 비행기 멀미약은 있습니까?

Do you have medicine for air-sickness?

Anh(chị) có thuốc say máy bay không?

아잉(찌) 꼬 투옥 사이 마이 바이 콩

✈ 좀 몸이 불편합니다. 약을 주시겠어요?

I feel a little sick. Can I have some medicine?

Tôi không được khỏe. Có thể cho tôi thuốc không?

또이 콩 드억 코에 꼬 테 쪼 또이 투옥 콩

✈ 추운[더운]데요.

I feel chilly[hot].

Lạnh[Nóng] quá.

라잉[농] 꽈

✈ 아까 부탁한 물이 아직 안 나왔습니다.

Excuse me, I didn't get the water I asked for.

Nước tôi hỏi xin lúc nãy vẫn chưa ra.

늑 또이 호이 신 룩 나이 번 쯔어 자

✈ 헤드폰 상태가 안 좋습니다.

Something is wrong with the headset.

Trạng thái tai nghe không tốt.

짱 타이 따이 녜 콩 뜻

✈ 비행은 예정대로입니까?

Is this flight on schedule?

Chuyến bay sẽ khởi hành đúng lịch trình phải không?

쭈옌 바이 쎄 커이 하잉 둥 릭 찐 파이 콩

페리(선박)를 이용할 때

(승선권을 보이며) **제 선실은 어딘가요?**
Where is my cabin?
Phòng của tôi ở đâu vậy?
퐁 꾸어 또이 어 더우 버이

호치민에는 언제 도착합니까?
When can we get to Ho Chi Minh?
Khi nào sẽ đến TP. HCM?
키 나오 쎄 덴 타잉 포 호찌밍

어느 것이 제 침구입니까?
Which one is my bedclothes?
Cái nào là đồ phòng ngủ của tôi?
까이 나오 라 도 퐁 응우 꾸어 또이

매점은 어디에 있습니까?
Where can I buy something?
Cửa hàng mua bán ở đâu?
끄어 항 무어 반 어 더우

식당은 있습니까?
Do you have a cafeteria?
Có quán ăn nào không?
꼬 꽌 안 나오 콩

(식당에서) **한국어 메뉴는 있습니까?**
Do you have a menu in Korean?
Có thực đơn tiếng Hàn Quốc không?
꼬 특 던 띠엥 한 꾸옥 콩

파도는 거칩니까?
Are the waves running high?
Hôm nay sóng lớn không?
홈 나이 송 런 콩

날씨는 좋습니까?
Is the climate good?
Thời tiết đẹp không?
터이 띠엣 뎁 콩

뱃멀미를 하는데요.
I'm seasick.
Tôi bị say sóng.
또이 비 싸이 쏭

(뱃멀미로) 토할 것 같습니다.
I'm going throw up.
Tôi muốn ói.
또이 무온 오이

의무실로 데리고 가 주십시오.
Please take me to the medical room.
Hãy đưa tôi đến phòng y tế.
하이 드어 또이 덴 퐁 이 떼

화장실은 어디에 있나요?
Where is the rest room?
Nhà vệ sinh ở đâu vậy?
냐 베 신 어 더우 버이

* 스튜어디스를 부를 때는 Chị(em) ơi (찌(엠) 어이)이라고 부릅시다.

기내에서 볼 수 있는 표시			
금연	NO SMOKING	Cấm hút thuốc	껌 훗 투옥
안전벨트 착용	FASTEN SEAT BELT	Thắt dây an toàn	탓 저이 안 또안
화장실 사용 중	OCCUPIED	Có người	꼬 응어이
비어 있음	VACANT	Không có người	콩 꼬 응어이
호출버튼	CALL BUTTON	Nút gọi	눗 고이
비상구	EMERGENCY	Lối thoát	로이 토아이
쓰레기통	TOWEL DISPOSAL	Thúng rác	퉁 락

입국신고서			
성명	Name	Tên họ	뗀 호
성	Family name	Họ	호
이름	Given name	Tên	뗀
국적	Nationalty	Quốc tịch	꾸옥 띡
생년월일	Day, Month, Year	Ngày tháng năm sinh	응아이 탕 남 신
남, 여	Male, Female	Nam giới, nữ giới	남 져이 누 져이
현주소	Home address	Địa chỉ hiện tại	디아 찌 히엔 따이
직업	Occupation	Nghề nghiệp	응에 응이엡
체류국의 연락처	Address in OO	Số điện thoại ở OO	소 디엔 토아이 어 OO
여권번호	Passport No.	Số hộ chiếu	소 호 찌우
항공기 편명·선명	Flight No. / Vessel	Số hiệu chuyến bay	소 히에우 쭈엔 바이
탑승지	Fort of Embarkation	Nơi khởi hành	너이 커이 하잉
여행목적	Purpose of visit	Mục đích du lịch	묵 딕 쥬 릭
서명	Signature	Ký tên	끼 뗀
OO체류예정기간	Entered Length of stay in OO	Thời gian lưu trú tại OO	터이 쟌 르우 쭈 따이 OO

UNIT 02

통과 · 환승

이용하는 비행기가 직행편이 아닌 경우 먼저 비행기에서 내려 대기실에 기다리는 경우가 있습니다(Chuyển tiếp). 그 비행기를 탄 사람에게는 내리는 순간 Vé chuyển tiếp(통과권)를 나누어 줍니다. 이것은 다시 비행기를 탈 때 필요하므로 잘 간직하도록 합시다.

____________ 은(는) 몇 시입니까?

When is the ____________ time?

Mấy giờ làm ____________ ?

머이 져 람

- □ 탑승 boarding lên máy bay 렌 바이 바이
- □ 이륙 take-off cất cánh 깟 까잉
- □ 도착 arrival đến nơi 덴 너이
- □ 출발 departure khởi hành 커이 하잉

Q : 손님의 최종 목적지는 어디입니까?

What's your final destination?

Điểm đến cuối cùng của quý khách là ở đâu?

디엠 덴 꾸오이 꿍 꾸어 뀌 칵 라 어 더우

A : 하노이입니다.

It's Hanoi.

Điểm đến cuối cùng của mình là Hà Nội.

디엠 덴 끄오우 꿍 꾸어 민 라 하노이

이 공항에서 어느 정도 머뭅니까?
How long will we stop here?
Ở lại sân bay này khoảng bao lâu?
어 라이 썬 바이 나이 쾅 바오 러우

환승 카운터는 어디입니까?
Where's the transfer counter?
Quầy chuyển tiếp ở đâu?
꾸어이 쭈옌 띠엡 어 더우

탑승수속은 어디서 하면 됩니까?
Where do I check in?
Làm thủ tục lên máy bay ở đâu?
람 투 뚝 렌 마이 바이 어 더우

환승까지 시간은 어느 정도 있습니까?
How long is the layover?
Có khoảng bao nhiêu thời gian đến khi chuyển tiếp?
꼬 쾅 바오 니에우 터이 쟌 덴 키 쭈옌 띠엡

탑승은 몇 시부터입니까?
When do we board?
Lên máy bay bắt đầu lúc mấy giờ?
렌 마이 바이 밧 더우 룩 머이 져

대합실에 면세점은 있나요?
Are there any duty-free shops in the waiting room?
Phòng chờ có cửa hàng miễn thuế không?
퐁 쩌 꼬 끄어 항 미엔 투에 콩

UNIT 03

입국심사

목적지 공항에 도착해서 먼저 CHUYẾN BAY ĐẾN 또는 LỐI VÀO 등의 표시를 따라 Nhập cư 또는 Phòng quản lý xuất nhập cảnh을 향해서 가면 입국심사 카운터에 도착합니다. 기내에서 작성한 입국카드와 여권을 심사관에게 보입니다. 질문과 응답은 대부분 정해져 있으므로 성실하게 대답하면 됩니다.

약 ________________ 입니다.
For ________________ .
Khoảng ________________ .
광

□	1주일	one week	một tuần	못 뚜언
□	10일	ten days	mười ngày	므어이 응아이
□	15일	fifteen days	mười lăm ngày	므어이 람 응아이
□	1개월	one month	một tháng	못 탕

Q : 여권을 보여 주시겠어요?
May I see your passport?
Có thể xuất trình hộ chiếu được không?
꼬 테 쑤엇 찐 호 찌에우 드억 콩

A : 여기 있습니다.
Here it is.
Đây ạ.
더이 아

방문 목적을 물을 때

✈ 여권을 보여 주십시오.
Your passport, please.
Vui lòng xuất trình hộ chiếu.
부이 롱 쑤엇 찐 호 찌에우

✈ 입국 목적은 무엇입니까?
What's the purpose of your visit?
Mục đích nhập cảnh của anh(chị) là gì?
묵 딕 녑 까잉 꾸어 아잉(찌) 라 지

✈ 관광입니다.
Sightseeing.
Du lịch ạ.
쥬 릭 아

✈ 사업입니다.
Business.
Làm việc kinh doanh ạ.
람 비엑 낀 죠안 아

체류 장소와 일정을 물을 때

✈ 얼마나 체류하십니까?
How long are you staying?
Anh(Chị) ở lại bao lâu?
아잉(찌) 어 라이 바오 러우

✈ 1주일 체류합니다.
I'm staying for a week.
Tôi ở một tuần.
또이 어 못 뚜언

✈ 어디에 머무십니까?

Where are you staying?

Anh(Chị) sẽ ở đâu?

아잉(찌) 쎄 어 더우

✈ ○○호텔에 머뭅니다.

I'll stay at the OO Hotel.

Ở khách sạn ○○.

어 칵 산 ○○

✈ (메모를 보이며) 숙박처는 이 호텔입니다.

I'll stay at this Hotel.

Tôi sẽ ở khách sạn này.

또이 쎄 어 칵 산 나이

✈ (호텔은) 아직 정하지 않았습니다.

I don't know which one.

Tôi vẫn chưa quyết định.

또이 번 쯔어 꾸옛 딘

✈ (호텔은) 단체여행이라서 모릅니다.

I'm not sure, because I'm a member of group tour.

Vì là du lịch theo đoàn nên tôi không biết.

비 라 쥬 릭 테오 도안 넨 또이 콩 비엣

기타 질문 사항

✈ 돌아가는 항공권은 가지고 계십니까?

Do you have a return ticket?

Anh(Chị) có vé máy bay khứ hồi không?

아잉(찌) 꼬 베 마이 바이 크 호이 콩

✈ 네, 가지고 있습니다.

Yes, it's right here.

Vâng, tôi có.

벙 또이 꼬

✈ 현금은 얼마나 가지고 있습니까?

How much cash do you have with you?

Anh(Chị) đang có bao nhiêu tiền mặt?

아잉(찌) 당 꼬 바이 니에우 띠엔 맛

✈ 15만 동 정도입니다.

I have about VND 150,000.

Khoảng 150,000 đồng.

쾅 못 짬 람 므어이 응인 동

✈ 베트남은 처음입니까?

Is Vietnam your first visit (here)?

Anh(Chị) đến Việt Nam là lần đầu tiên à?

아잉(찌) 덴 비엣 남 라 런 더우 띠엔 아

✈ 네, 처음입니다.

Yes, it is.

Vâng, lần đầu tiên ạ.

벙 런 더우 띠엔 아

✈ 즐거운 여행 되세요.

Good. Have a nice stay.

Chúc anh(chị) có chuyến du lịch vui vẻ.

쭉 아잉(찌) 꼬 쭈옌 쥬 릭 부이 베

UNIT 04

세관검사

입국심사가 끝나면 NHẬN HÀNH LÝ의 표시를 따라서 갑니다. 타고 온 항공사와 편명이 표시된 턴테이블로 나오므로 그 주위에서 기다렸다 찾으면 됩니다. 짐을 찾으면 HẢI QUAN의 표시를 따라 세관으로 가서 여권과 세관신고서를 담당에게 보여 주고 통과를 기다리면 됩니다.

이것은 ______________ 입니다.
This is ______________.
Đây là ______________.
더이 라

- □ 선물 gift món quà 몬 꽈
- □ 일용품 for my personal use đồ dùng hàng ngày 도 중 항 응아이
- □ 라면 ramyon mì ăn liền 미 안 리엔
- □ 약 medicine thuốc 투옥

Q : 신고할 것이 있습니까?
Do you have anything to declare?
Anh(Chị) có gì cần khai báo không?
아잉(찌) 꼬 지 껀 카이 바오 콩

A : 없습니다.
No, I don't.
Không có.
콩 꼬

짐을 찾을 때

✈ 짐은 어디서 찾습니까?

Where can I get my baggage?

Tìm hành lý ở đâu vậy?

띰 하잉 리 어 더우 버이

✈ 이건 714편 턴테이블입니까?

Is this baggage conveyer for flight 714?

Đây là băng chuyển hành lý của máy bay số 714 phải không?

더이 라 방 쭈옌 하잉 리 꾸어 마이 바이 소 바이 못 본 파이 콩

✈ 714편 짐은 나왔습니까?

Has the baggage from flight 714 arrived?

Hành lý của máy bay số 714 đã ra chưa?

하잉 리 꾸어 마이 바이 소 바이 못 본 다 자 쯔어

✈ 제 짐이 보이지 않습니다.

I can't find my baggage.

Tôi không thấy hành lý của mình.

또이 콩 터이 하잉 리 꾸어 민

✈ 이게 수화물인환증입니다.

Here is my claim tag.

Đây là phiếu gửi hành lý.

더이 라 피에우 그이 하잉 리

✈ 당장 보상해 주세요.

Will you pay for me for a few days?

Hãy bồi thường ngay cho tôi.

하이 보이 트엉 응아이 쪼 또이

세관검사를 받을 때

여권과 신고서를 보여 주십시오.
Your passport and declaration card, please.
Vui lòng xuất trình hộ chiếu và tờ khai báo.
부이 롱 쑤엇 찐 호 찌에우 바 떠 카이 바오

세관신고서는 가지고 계십니까?
Do you have your customs declaration form?
Anh(Chị) có mang theo tờ khai hải quan không?
아잉(찌) 꼬 망 테오 떠 카이 하이 꽌 콩

신고서는 가지고 있지 않습니다.
I don't have a declaration card.
Tôi không mang theo tờ khai báo.
또이 콩 망 테오 떠 카이 바오

신고할 것은 있습니까?
Do you have anything to declare?
Anh(Chị) có gì cần khai báo không?
아잉(찌) 꼬 지 껀 카이 바오 콩

일용품뿐입니다.
I only have personal belongings.
Chỉ có đồ dùng hàng ngày.
찌 꼬 도 중 항 응아이

이 가방을 열어 주십시오.
Please open this bag.
Hãy mở cái túi này ra.
하이 머 까이 뚜이 나이 자

✈ 내용물은 무엇입니까?
What's in it?
Nội dung bên trong là gì?
노이 중 벤 쫑 라 지

✈ 이건 뭡니까?
What's this?
Cái này là gì?
까이 나이 라 지

✈ 친구에게 줄 선물입니다.
Gifts for my friends.
Đây là quà tặng cho bạn tôi.
더이 라 꽈 땅 쪼 반 또이

✈ 다른 짐은 있나요?
Do you have any other baggage?
Anh(Chị) có hành lý khác không?
아잉(찌) 꼬 하잉 리 칵 콩

✈ 이건 과세 대상이 됩니다.
You have to pay duty on it.
Cái này sẽ là đối tượng chịu thuế.
까이 나이 쎄 라 도이 뜨엉 찌우 투에

✈ 과세액은 얼마입니까?
How much is the duty?
Tiến thuế là bao nhiêu?
띠엔 투에 라 바오 니에우

UNIT 05

공항에서

?, i, Quầy thông tin du lịch 등으로 표시된 공항 로비의 안내소에는 무료 지도, 관광 가이드나 호텔 가이드 등의 팸플릿이 준비되어 있습니다. 시내의 교통수단, 호텔이 위치한 장소나 택시 요금 등 필요한 정보를 모으도록 합시다. 대형 공항에는 호텔 예약, 렌터카 등의 별도의 부스가 있기도 합니다.

__________ 은(는) 어디에 있습니까?

Where is the __________ ?

__________ ở đâu?

어 더우

- □ 안내소 Information Quầy hướng dẫn 꾸어이 흐엉 전
- □ 환전 exchange Đổi tiền 도이 띠엔
- □ 화장실 rest room Nhà vệ sinh 냐 베 씬
- □ 택시승강장 taxi stand Điểm đón xe tắc xi 디엠 던 쎄 딱 씨

Q : 어디에서 환전을 합니까?

Where can I exchange money?

Tôi có thể đổi tiền ở đâu ạ?

또이 꼬 테 도이 띠엔 어 더우 아

A : '환전'이라고 써진 곳으로 가십시오.

Go to "Currency Exchange."

Hãy đi đến nơi có chữ "Đổi tiền."

하이 디 덴 너이 꼬 쯔 도이 띠엔

환전을 할 때

이걸 환전해 주시겠어요?
Could you exchange this?
Anh(Chị) có thể đổi tiền cho tôi được không?
아잉(찌) 꼬 테 도이 띠엔 쪼 또이 드억 콩

여행자수표를 현금으로 바꿔 주세요.
Please cash these traveler's checks.
Đổi séc du lịch sang tiền mặt giùm tôi.
도이 쎅 쥬 릭 상 띠엔 맛 쥼 또이

잔돈도 섞어 주세요.
I'd like some small change.
Tôi cần một ít tiền lẻ.
또이 껀 못 잇 띠엔 레

계산이 틀린 것 같은데요.
I think the amount is incorrect.
Hình như tính tiền không đúng thì phải.
힌 느 띤 띠엔 콩 둥 티 파이

수수료는 얼마입니까?
How much is your commission?
Phí hoa hồng là bao nhiêu?
피 화 홍 라 바오 니에우

계산서를 주시겠어요?
May I have a receipt?
Có thể cho tôi hóa đơn không?
꼬 테 쪼 또이 화 던 콩

관광안내소에서

✈ 관광안내소는 어디에 있습니까?

Where is the tourist information center?

Quầy hướng dẫn du lịch ở đâu ạ?

꾸어이 흐엉 전 쥬 릭 어 더우 아

✈ 시내 지도와 관광 팸플릿을 주시겠어요?

Can I have a city map and tourist brochure?

Có thể cho tôi bản đồ nội thành và cẩm nang du lịch không?

꼬 테 쪼 또이 반 도 노이 타잉 바 껌 낭 쥬 릭 콩

✈ 매표소는 어디에 있습니까?

Where is the ticket office?

Quầy bán vé ở đâu?

꾸어이 반 베 어 더우

✈ 출구는 어디입니까?

Where is the exit?

Cửa ra ở đâu?

끄어 라 어 더우

✈ 호텔 리스트는 있습니까?

Do you have a hotel list?

Có danh sách khách sạn không?

꼬 잔 싹 칵 산 콩

✈ 여기서 렌터카를 예약할 수 있습니까?

Can I reserve rental car here?

Tôi có thể đặt trước thuê xe ở đây không?

또이 꼬 테 닥 쯔억 투에 세 어 더이 콩

호텔을 찾을 때

✈ 여기서 호텔을 예약할 수 있습니까?

Can I reserve a hotel here?

Tôi có thể đặt trước khách sạn ở đây không?

또이 코 테 닥 쯔억 칵 산 어 더이 콩

✈ 시내 호텔을 예약해 주시겠어요?

Could you reserve a hotel in the city?

Anh(Chị) có thể đặt giúp tôi khách sạn ở trong nội thành được không?

아잉(찌) 꼬 테 닷 즙 또이 칵 산 어 쫑 노이 타잉 드억 콩

✈ 어떤 호텔을 찾으십니까?

What kind of hotel are you looking for?

Anh(Chị) tìm khách sạn nào ạ?

아잉(찌) 띰 칵 산 나오 아

✈ 번화가에 가까운 호텔을 부탁합니다.

One near downtown.

Cho tôi khách sạn gần với khu phố sầm uất.

쪼 또이 칵 산 건 버이 쿠 포 썸 우엇

✈ 역에서 가까운 호텔을 부탁합니다.

I'd like a hotel close to the station.

Tôi muốn khách sạn gần ga.

또이 무온 칵 산 건 가

✈ 그 호텔은 어디에 있습니까?

Where's the hotel?

Khách sạn đó ở đâu?

칵 산 도 어 더우

UNIT **06**

시내로 이동

공항의 포터에게 지불하는 것은 팁이 아니라 포터 요금으로 정해진 규정 요금입니다. 괜찮다면 다소 팁을 주는 것도 좋겠습니다. 시내와 공항을 직접 연결하는 전용 버스 이외에 버스, 택시 등의 교통수단이 있습니다.

________ 까지 부탁합니다.

________ , please

Làm ơn đưa tôi đến ________ .

람 언 드어 또이 덴

□	○○호텔	OOHotel	OOkhách sạn	○○칵 산
□	시내	downtown	nội thành	노이 타잉
□	○○역	OOStation	OOga	○○가
□	○○박물관	OOMuseum	OO(nhà) bảo tàng	○○바오 땅

Q : 어디서 택시를 탑니까?

Where can I get a taxi?

Đón xe tắc xi ở đâu?

던 쎄 딱 씨 어 더우

A : 바로 앞쪽에 택시 승강장이 있습니다.

There's a taxi stand up ahead.

Ở ngay phía trước có điểm đón tắc xi.

어 응아이 피아 쯔억 꼬 디엠 던 딱 씨

포터

✈ 포터를 찾고 있습니다.

I'm looking for a porter.

Tôi đang tìm người khuân vác.

또이 당 띰 응어이 쿠언 박

✈ 포터를 불러 주세요.

Please get me a porter.

Hãy gọi người khuân vác giúp tôi.

하이 고이 응어이 쿠언 박 죱 또이

✈ 이 짐을 택시승강장까지 옮겨 주세요.

Please take this baggage to the taxi stand.

Hãy mang hành lý này đến điểm đón tắc xi giúp tôi.

하이 망 하잉 리 나이 덴 디엠 던 딱 씨 죱 또이

✈ 이 짐을 버스정류소까지 옮겨 주세요.

Please take this baggage to the bus stop.

Hãy mang hành lý này đến bến xe buýt giúp tôi.

하이 망 하잉 리 나이 덴 벤 쎄 뷧 죱 또이

✈ 카트는 어디에 있습니까?

Where are the baggage carts?

Xe kéo hành lý ở đâu?

쎄 께오 하잉 리 어 더우

✈ 짐을 호텔로 보내 주세요.

Please deliver the baggage to my hotel.

Hãy gửi hành lý đến khách sạn giúp tôi.

하이 그이 하잉 리 덴 칵 산 죱 또이

택시

✈ 택시 승강장은 어디입니까?

Where is the taxi stand?

Điểm đón taxi ở đâu?

디엠 던 딱 씨 어 더우

✈ 어디서 택시를 탑니까?

Where can I get a taxi?

Đón taxi ở đâu?

던 딱 시 어 더우

✈ 어디까지 가십니까?

Where are you going?

Anh(Chị) đi đến đâu?

아잉(찌) 디 덴 더우

✈ ○○호텔로 가 주세요.

To OOHotel, please.

Đi đến khách sạn OO.

디 덴 칵 산 ○○

✈ (주소를 보이며) 이리 가 주세요.

Take me to this address, please.

Cho tôi đưa đến địa chỉ này.

쪼 또이 드어 덴 디아 찌 나이

✈ 짐을 트렁크에 넣어 주세요.

Please put my baggage in the trunk.

Cho hành lý vào cốp xe giúp tôi.

쪼 하잉 리 바오 꼽 세 즙 또이

버스

시내로 가는 버스는 있습니까?
Is there a bus going downtown?
Có xe buýt nào đi vào nội thành không?
꼬 세 뷧 나오 디 바오 노이 타잉 콩

매표소는 어디입니까?
Where is the ticket office?
Quầy bán vé ở đâu?
꾸어이 반 베 어 더우

시간은 어느 정도 걸립니까?
How long does it take to get there?
Mất khoảng bao nhiêu thời gian?
멋 쾅 바오 니에우 터이 쟌

도착하면 알려 주시겠어요?
Could you tell me when we get there?
Anh(Chị) có thể báo cho tôi biết khi đến nơi được không?
아잉(찌) 코 테 바오 쪼 또이 비엣 키 덴 너이 드억 콩

시내로 가는 가장 빠른 교통수단은 무엇입니까?
What's the fastest way to downtown?
Phương tiện giao thông nhanh nhất đi vào nội thành là gì?
프엉 띠엔 쟈오 통 냐잉 녓 디 바오 노이 타잉 라 지

시내로 가는 가장 싼 교통수단은 무엇입니까?
What's the cheapest way to downtown?
Phương tiện giao thông rẻ nhất đi vào nội thành là gì?
프엉 띠엔 쟈오 통 제 녓 디 바오 노이 타잉 라 지

공항에서 볼 수 있는 표지판			
출발입구	DEPARTURE GATE	Cửa chuyến bay đi	끄어 쭈옌 바이 디
도착입구	ARRIVAL GATE	Cửa chuyến bay đến	끄어 쭈옌 바이 덴
탑승입구	BOARDING GATE	Cửa lên	끄어 렌
탑승수속 중	NOW BOARDING	Thủ tục lên	투 뚝 렌
정각에	ON TIME	Đúng giờ	둥 져
지연	DELAYED	Bị hoãn	비 호안
환승 비행기	CONNECTING FLIGHT	Máy bay chuyển tiếp	마이 바이 쭈옌 띠엡
공석 대기	STAND BY	Chuẩn bị	쭈언 비
환전소	EXCHANGE/ MONEY EXCHANGE	Quầy đổi tiền	꽈이 도이 띠엔
국내선	DOMESTIC	Tuyến quốc tế	쭈옌 꾹 떼

PART 3

숙박

숙박에 관한 정보

호텔 예약

시즌 중 유명관광지가 아니면 방을 구하는 것은 그리 어렵지 않다. 현지에 빨리 도착해서 호텔을 찾으면 OK.

그러나 시즌 중에는 출발하기 전에 예약해 두는 것이 좋다. 체크인도 그리 늦지 않게 하는 것이 좋다. 시즌 중에는 해약을 생각해서 여분으로 예약을 받아 두는 경우가 있다. 즉 이중 예약이다. 그래서 연락도 없이 체크인을 늦게 하면 예약을 취소당해 낭패를 보는 경우가 있다.

호텔에서

비싼 물건이 들어 있는 가방은 직접 휴대하여 방이 배정될 때까지 로비에서 기다린다. 귀중품 도난 방지를 위해 안전금고를 이용하며, 호텔에서 또는 시내에서 한국으로 전화하는 요령을 알아 둔다.

호텔방에서

각종 전자제품 및 욕실용품 등의 작동요령을 알아 둔다(특히, 전기 전압 등). 호텔의 욕실들은 일반 가정처럼 바닥에 하수구멍이 없어서 욕조 안에서 샤워를 한다. 이럴 경우는 바닥에 물이 흐르지 않도록 커튼을 이용한다. 대부분의 호텔방문은 자동으로 잠기므로 잠깐 동행인의 옆방에 들르더라도 반드시 방 키를 소지해야 한다. 참고로 호텔방 베란다 문도 자동으로 잠기는 경우가 많으니 베란다에 갇혀 밤새 시멘트 바닥에서 고생하는 일이 없도록 주의하자.

팁(tip)

다른 여행지와 달리 팁이 필수는 아니다. 만일 팁을 지불할 생각이 있다면 호텔이나 식당 등에서는 매너팁으로 1달러 정도, 마사지 샵에서는 정해진 금액을 지불하는 것이 일반적이다. 또, 현지 안내원이나 운전사의 성실도에 따라서 일정액의 팁을 줌으로써 더 적극적인 서비스를 기대할 수 있다.

외출할 때

외출할 때는 인솔자나 현지 안내원에게 행선지와 연락처를 남기고 행동하며, 호텔의 이름과 주소가 적혀 있는 호텔카드나 호텔 성냥갑, 또는 명함을 소지해야 호텔로 돌아올 때 어려움을 겪지 않는다.

나중에 택시를 타더라도 호텔카드 따위를 운전사에게 보여주면 언어소통 문제없이 호텔로 돌아올 수 있다.

호텔에서의 매너

호텔 복도는 바깥 거리와 똑같이 생각해야 한다. 파자마 차림으로 돌아다니는 것은 창피한 일이다. 밤늦게 술에 취해 큰소리로 노래를 부르며 다니는 것도 삼가야 한다.

호텔에서의 안전대책

외출했다가 돌아왔을 때 프런트에서 이름과 방 번호를 큰 소리로 외쳐서는 안 된다. 어디서 누가 듣고 있는지 모른다. 타인에게 이름이나 방 번호를 기억시키는 것은 그다지 좋은 일은 아니다.

그리고 문을 누가 두드렸을 때 확인 없이 문을 열어 주어서는 안 된다. 들여다보는 구멍으로 확인하고 방문걸이 줄을 풀지 않은 상태로 연다. 이것이 해외에서 호텔 방문을 올바르게 여는 방법이다.

UNIT 01

호텔 예약

호텔을 현지에서 찾을 때는 공항이나 시내의 관광안내소(Quầy thông tin du lịch)에서 물어보도록 합시다. 예약을 해주는 곳도 있기는 하지만, 우선 가능하면 한국에서 출발하기 전에 예약을 해두는 것이 좋습니다. 요새는 앱 등에서 편하게 호텔을 비교해보고 예약할 수 있습니다. 예약할 때는 요금, 입지, 치안 등을 고려해서 정하도록 합시다.

_______________ (으)로 부탁합니다.

I'd like a _______________ .

Làm ơn cho tôi _______________ nhé.

람 언 쪼 또이 네

□ 싱글 룸	single room	phòng đơn	퐁 던
□ 트윈 룸	twin room	phòng có hai giường	퐁 꼬 하이 지으엉
□ 더블 룸	double room	phòng đôi	퐁 더이
□ 욕실이 있는 방	room with a bath	phòng có phòng tắm	퐁 꼬 퐁 땀

Q : 오늘 밤, 빈방 있습니까?

Do you have a room for tonight?

Tối nay, có phòng trống không?

또이 나이 꼬 퐁 쫑 콩

A : 몇 분이십니까?

For how many of you?

Quý khách có bao nhiêu người?

뀌 칵 꼬 바오 니에우 응어이

안내소에서

✈ 여기서 호텔 예약할 수 있습니까?
Can I make a reservation here?
Tôi có thể đặt khách sạn ở đây không?
또이 코 테 닥 칵 산 어 더이 콩

✈ 어떤 방이 좋겠습니까?
What type of room would you like?
Anh(Chị) muốn loại phòng nào?
아잉(찌) 무온 로아이 퐁 나오

✈ 역까지 데리러 옵니까?
Could you pick me up at the station?
Anh(Chị) có thể đến ga để đón tôi được không?
아잉(찌) 꼬 테 덴 가 데 던 또이 드억 콩

✈ 공항까지 데리러 옵니까?
Could you pick me up at the the airport?
Anh(Chị) có thể đến sân bay để đón tôi được không?
아잉(찌) 꼬 테 덴 선 바이 데 던 또이 드억 콩

✈ 그 호텔은 어디에 있습니까?
Where is the hotel located?
Khách sạn đó ở đâu?
칵 산 도 어 더우

✈ 다른 호텔을 소개해 주십시오.
Could you tell me where another hotel is?
Hãy giới thiệu khách sạn khác cho tôi.
하이 져이 티에우 칵 산 칵 쪼 또이

전화로 예약할 때

오늘 밤, 빈방 있습니까?

Do you have any vacancies tonight?

Tối nay, có phòng trống không?

또이 나이 꼬 퐁 쫑 콩

숙박요금은 얼마입니까?

How much is the room charge?

Giá phòng là bao nhiêu?

쟈 퐁 라 바오 니에우

1박에 얼마입니까?

How much for one night?

Tiền phòng một ngày là bao nhiêu?

띠엔 퐁 못 응아이 라 바오 니에우

요금에 조식은 포함되어 있나요?

Does the room charge include breakfast?

Tiền phòng có bao gồm bữa sáng không?

띠엔 퐁 꼬 바오 곰 브어 상 콩

봉사료와 세금은 포함되어 있습니까?

Does it include service charge and tax?

Tiền phòng có bao gồm phí phục vụ và tiền thuế không?

띠엔 퐁 꼬 바오 곰 피 푹 부 바 띠엔 투에 콩

예약을 하고 싶은데요

I'd like to make a reservation.

Tôi muốn đặt phòng trước.

또이 무온 닷 퐁 쯔억

✈ 몇 박을 하실 겁니까?

How long would you like to stay?

Anh(Chị) muốn ở lại bao lâu?

아잉(찌) 무온 어 라이 바오 러우

✈ 오늘 밤부터 2박 할 겁니다.

I'll stay two nights.

Tôi sẽ ở lại hai đêm.

또이 세 어 라이 하이 뎀

✈ 더블 룸으로 부탁합니다.

A double room, please.

Tôi muốn phòng đôi.

또이 무온 퐁 도이

✈ 욕실이 있는 방으로 부탁합니다.

I'd like a room with a bath.

Tôi muốn phòng có phòng tắm.

또이 무온 퐁 꼬 퐁 땀

✈ 선불인가요?

Do you need a deposit?

Có phải trả trước không?

꼬 파이 짜 쯔억 콩

✈ 홍길동입니다. 스펠링은 HONG KILDONG입니다.

My name is Kil-dong Hong. The spelling is HONG KIL DONG.

Tên tôi là Hong kildong, Đánh vần là HONG KILDONG.

뗀 또이 라 홍길동 다잉 번 라 HONG KILDONG

월을 나타내는 단어		
1월	tháng giêng / tháng một	탕 지엥 / 탕 못
2월	tháng hai	탕 하이
3월	tháng ba	탕 바
4월	tháng tư	탕 뜨
5월	tháng năm	탕 남
6월	tháng sáu	탕 사우
7월	tháng bảy	탕 바이
8월	tháng tám	탕 땀
9월	tháng chin	탕 찐
10월	tháng mười	탕 므어이
11월	tháng mười một	탕 므어이 못
12월	tháng chạp / tháng mười hai	탕 짭 / 탕 므어이 하이

요일을 나타내는 단어		
일요일	(ngày) chủ nhật	쭈 녓
월요일	(ngày) thứ hai	트 하이
화요일	(ngày) thứ ba	트 바
수요일	(ngày) thứ tư	트 뜨
목요일	(ngày) thứ năm	트 남
금요일	(ngày) thứ sau	트 사우
토요일	(ngày) thứ bảy	트 바이

계 절		
봄	mùa xuân	무어 쑤언
여름	mùa hè	무어 해
가을	mùa thu	무어 투
겨울	mùa đông	무어 동

조명
đèn 덴

편지봉투
phong bì thư 퐁 비 투

편지지
giấy viết thư 져이 비엣 투

DO NOT
DISTURB

문의 손잡이에 거는 카드

DO NOT DISTURB(방해하지 마세요)
Xin đứng làm phiền
신 등 람 피엔

PLEASE MAKE UP(방을 청소해 주세요)
Đề nghị dọn phòng
데 응이 던 퐁

UNIT 02

호텔 체크인

호텔의 체크인 시각은 보통 오후 2시부터입니다. 호텔 도착 시간이 오후 6시를 넘을 때는 예약이 취소되는 경우도 있으므로 늦을 경우에는 호텔에 도착시간을 전화로 알려두는 것이 좋습니다. 방의 형태, 설비, 요금, 체류 예정 등을 체크인할 때 확인하도록 합시다.

______________ 으로 부탁합니다.

I'd like a ______________ .

Làm ơn cho tôi ______________ .

람 언 쪼 또이

□ 조용한 방	peaceful room	phòng yên tĩnh	퐁 옌 띤
□ 더 좋은 방	better room	phòng tốt hơn	퐁 똣 헌
□ 전망이 좋은 방	room with a nice view	phòng view đẹp	퐁 뷰 뎁

Q : 안녕하세요. 어서 오십시오.

Hi. May I help you?

Xin chào. Xin mời vào.

신 짜오 신 머이 바오

A : 체크인 해 주세요.

I'd like to check in, please.

Tôi muốn nhận phòng.

또이 무온 년 퐁

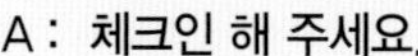

프런트에서 체크인할 때

✈ 예약은 하셨습니까?
Did you have a reservation?
Anh(Chị) đã đặt phòng trước chưa?
아잉(찌) 다 닷 퐁 쯔억 쯔어

✈ 예약했습니다.
I have a reservation.
Tôi đã đặt phòng trước rồi.
또이 다 닷 퐁 쯔억 조이

✈ 확인서는 여기 있습니다.
Here is my confirmation slip.
Đây là giấy xác nhận.
더이 라 져이 싹 년

✈ 예약은 한국에서 했습니다.
I made one from Korea.
Tôi đã đặt trước ở Hàn Quốc.
또이 다 닷 쯔억 어 한 꾸옥

✈ 아직 예약을 하지 않았습니다.
I haven't made a reservation.
Tôi chưa đặt phòng trước.
또이 쯔어 닷 퐁 쯔억

✈ 오늘 밤 빈방은 있습니까?
Can I get a room for tonight?
Tối nay có phòng trống không?
또이 나이 꼬 퐁 쫑 콩

✈ 성함을 말씀하십시오.
May I have your name?
Xin vui lòng cho biết tên của quý khách.
신 부이 롱 쪼 비엣 떤 꾸어 뀌 칵

✈ 숙박 쿠폰을 가지고 있습니다.
I have a travel agency coupon.
Tôi có phiếu giảm giá khách sạn.
또이 꼬 피에우 쟘 쟈 칵 산

✈ 조용한 방으로 부탁합니다.
I'd like a quiet room.
Tôi muốn phòng yên tĩnh.
또이 무온 퐁 옌 띤

✈ 전망이 좋은 방으로 부탁합니다.
I'd like a room with a nice view.
Tôi muốn phòng có view đẹp.
또이 무온 퐁 꼬 뷰 뎁

✈ 방을 보여 주세요.
May I see the room?
Cho tôi xem phòng.
쪼 또이 셈 퐁

✈ 좀 더 좋은 방은 없습니까?
Do you have anything better?
Không có phòng nào tốt hơn sao?
콩 꼬 퐁 나오 똣 헌 싸오

✈ 좀 더 큰 방으로 바꿔 주세요.
Could you give me a larger room?
Hãy đổi cho tôi sang phòng lớn hơn.
하이 도이 쪼 또이 쌍 퐁 런 헌

이 방으로 하겠습니다.
I'll take this room.
Tôi sẽ nhận phòng này.
또이 쎄 년 퐁 나이

숙박카드에 기입해 주십시오.
Please fill out the registration card.
Xin vui lòng điền vào thẻ lưu trú.
신 부이 롱 디엔 바오 테 르우 쭈

이게 방 열쇠입니다.
Here is your room key.
Đây là chìa khóa phòng.
더이 라 찌아 콰 퐁

귀중품을 보관해 주시겠어요?
Can you keep my valuables?
Có thể bảo quản giúp tôi đồ có giá trị được không?
꼬 테 바오 꽌 즙 또이 도 꼬 쟈 찌 드억 콩

벨보이가 방으로 안내하겠습니다.
The bellboy will show you your room.
Nhân viên hành lý sẽ hướng dẫn quý khách đến phòng.
년 비엔 하잉 리 쎄 흐엉 전 쿼 칵 덴 퐁

짐을 방까지 옮겨 주겠어요?
Could you bring my baggage?
Có thể chuyển hành lý về phòng cho tôi được không?
꼬 테 쭈옌 하잉 리 베 퐁 쪼 또이 드억 콩

여기가 손님 방입니다.
This is your room.
Đây là phòng của quý khách.
더이 라 퐁 꾸어 쿼 칵

숙박카드

HILL HOTEL
GUEST REGISTRATION

성명	Full name Last	First	Middle
자택주소 전화번호	Home Address:	Tel :	
여권번호 국적, 나이	Passport No:	Nationality:	Age:
차번호	License Plate Number:		
자동차 메이커 자동차 모델명 연식	Make:	Model:	Year:
서명	Signature:		
호텔 측 기입사항	Method of Payment: □Cash □Credit Card □Other	$	Arrival Date: Departure Date: Room No:

All of at the Hill Hotel are grateful for your patronage.

체크인 트러블

✈ 다시 한번 확인해 주세요.

Would you check again?

Hãy xác nhận lại một lần nữa.

하이 싹 년 라이 못 런 느어

✈ (늦을 경우) 8시에 도착할 것 같습니다.

I'll arrive at your hotel at eight.

Chắc khoảng 8 giờ tôi sẽ tới nơi.

짝 쾅 땀 져 또이 쎄 떠이 너이

✈ 예약을 취소하지 마세요.

Please don't cancel my reservation.

Đừng hủy đặt phòng.

등 후이 닷 퐁

✈ (예약되어 있지 않을 때) 다시 한번 제 예약을 확인해 주십시오.

Check my reservation again, please.

Hãy xác nhận lại việc đặt trước của tôi một lần nữa.

하이 싹 년 라이 비엑 닷 쯔억 꾸어 또이 못 런 느어

✈ 방을 취소하지 않았습니다.

I didn't cancel the room.

Tôi không hủy phòng.

또이 콩 후이 퐁

✈ 다른 호텔을 찾아주시겠습니까?

Would you refer me to another hotel?

Có thể tìm khách sạn khác được không?

꼬 테 띰 칵 산 칵 드억 콩

UNIT 03

룸서비스

방에 도착하면 짐을 가져다준 보이에게 팁을 줍니다. 방의 설비에 대해서 모르는 점이 있으면 그때 물어보도록 합시다. 요즘 호텔은 자동으로 모닝콜을 하는 곳이 많습니다. 조작을 모를 때는 프런트에 연락을 해 봅시다.

______________ 가져다주세요.

I'd like ______________.

Hãy mang cho tôi ______________.

하이 망 쪼 또이

□ 커피 두 잔	two coffees	hai ly cà phê	하이 리 까 페
□ 신문	newspaper	tờ báo	떠 바오
□ 병따개	a bottle opener	cái mở nắp chai	까이 머 납 짜이
□ 아침식사	breakfast	bữa sáng	브어 상

Q : 누구세요?

Who is it?

Ai vậy ạ?

아이 버이 아

A : 룸서비스입니다.

Room service.

Đây là dịch vụ phòng.

더이 라 직 부 퐁

룸서비스를 부탁할 때

✈ 룸서비스를 부탁합니다.
Room service, please.
Hãy cho tôi dịch vụ phòng.
하이 쪼 또이 직 부 퐁

✈ 내일 아침 8시에 아침을 먹고 싶은데요.
Breakfast at 8 a.m. tomorrow morning, please.
Tôi muốn ăn sáng lúc 8 giờ sáng mai.
또이 무온 안 상 룩 땀 져 상 마이

✈ 도와주시겠어요?
Can you give me a hand?
Anh(Chị) có thể giúp tôi không?
아잉(찌) 꼬 테 즙 또이 콩

✈ 어느 정도 시간이 걸립니까?
How long will it take?
Mất khoảng bao lâu?
멋 쾅 바오 러우

✈ 세탁 서비스는 있습니까?
Do you have valet service?
Có dịch vụ giặt là không?
꼬 직 부 쟉 라 콩

✈ 따뜻한 마실 물이 필요한데요.
I'd like a pot of boiled water.
Tôi cần nước uống ấm.
또이 컨 느억 우옹 엄

✈ 모닝콜을 부탁합니다.

I'd like a wake-up call, please.

Nhờ anh(chị) gọi điện thoại báo thức.

녀 안(찌) 고이 디엔 토아이 바오 특

✈ 몇 시에 말입니까?

What time?

Mấy giờ ạ?

머이 져 아

✈ 7시에 부탁합니다.

7 o'clock tomorrow morning.

Lúc 7 giờ, ngày mai.

룩 바이 져 응아이 마이

✈ 방 번호를 말씀하십시오.

Your room number, please.

Làm ơn cho biết số phòng.

람 언 쪼 비엣 쏘 퐁

✈ 여기는 1234호실입니다.

This is Room 1234.

Phòng 1234.

퐁 못 하이 바 본

✈ 한국으로 전화를 하고 싶은데요.

I'd like to make a phone call to Korea.

Tôi muốn gọi điện thoại về Hàn Quốc.

또이 무온 고이 디엔 토아이 베 한 꾸옥

✈ 마사지를 부탁합니다.

I'd like a massage, please.

Tôi muốn mát xa.

또이 무온 맛 싸

식당 예약 좀 해 주시겠어요?
Would you make a reservation for a restaurant for me?
Anh(Chị) có thể đặt nhà hàng cho tôi được không?
아잉(찌) 꼬 테 닷 냐 항 쪼 또이 드억 콩

룸서비스가 들어올 때

(노크하면) 누구십니까?
Who is it?
Ai vậy ạ?
아이 버이 아

잠시 기다리세요.
Just a moment, please.
Xin hãy đợi một lát.
신 하이 더이 못 랏

들어오세요.
Please, come in.
Mời vào!
머이 바오

이건 팁입니다.
Here's your tip.
Đây là tiền hoa hồng
도 라 띠엔 화 홍

UNIT 04

호텔시설 이용하기

호텔 내의 시설이나 설비, 서비스 내용은 체크인할 때 확인해두도록 합시다. 예약이나 트러블, 문의 사항은 대부분 프런트 데스크에 부탁하면 해결을 해주지만, 클리닝, 룸서비스 등의 내선번호는 방에 준비되어 있는 안내서에 적혀 있습니다.

호텔 안에 ________________ 은(는) 있습니까?

Do you have a ________________ in the hotel?

Có ________________ trong khách sạn không?

꼬 쫑 칵 산 콩

□ 식당	dining room	quán ăn	꽌 안
□ 미용실	hair salon	tiệm làm tóc (đẹp)	띠엠 람 똑 (뎁)
□ 이발소	barbershop	tiệm cắt tóc	띠엠 깟 똑
□ 디스코	disco	disco	디스코

Q : 호텔에는 어떤 시설이 있습니까?

What kind of facilities are there in the hotel?

Khách sạn có cơ sở vật chất gì?

칵 산 꼬 꺼 서 벗 쩟 지

A : 거의 모두 다 있습니다.

Everything you could possibly want.

Hầu như tất cả đều có.

허우 느 떳 까 데우 꼬

시설물을 물을 때

✈ 자판기는 있습니까?
Is there a vending machine?
Có máy bán tự động không?
꼬 마이 반 뜨 동 콩

✈ 식당은 어디에 있습니까?
Where is the dining room?
Nhà hàng ở đâu ạ?
냐 항 어 더우 아

✈ 식당은 몇 시까지 합니까?
How late is the dining room?
Nhà hàng làm đến mấy giờ?
냐 항 람 덴 머이 져

✈ 이 호텔에 테니스코트는 있습니까?
Is there a tennis court at this hotel?
Ở khách sạn này có sân ten-nít không?
어 칵 산 나이 꼬 선 떼닛 콩

✈ 커피숍은 어디에 있습니까?
Where's the coffee shop?
Quán cà phê ở đâu?
꽌 까 페 어 더우

✈ 바는 언제까지 합니까?
How late is the bar room open?
Quán bar làm đến mấy giờ?
꽌 바 람 덴 머이 져

✈ 이메일을 체크하고 싶은데요.

I want to check my e-mail.

Tôi muốn kiểm tra e-mail.

또이 무온 끼엠 짜 이메일

✈ 팩스[복사기]는 있습니까?

Do you have a fax machine[photocopier]?

Có máy fax[máy photo] không?

꼬 마이 팩스[마이 포토] 콩

✈ 여기서 관광버스 표를 살 수 있습니까?

Can I get a ticket for the sightseeing bus here?

Ở đây có thể mua vé xe buýt du lịch không?

어 더이 꼬 테 무어 베 세 뷧 쥬 릭 콩

✈ 이발소는 있습니까?

Is there a barbershop?

Có tiệm cắt tóc không?

꼬 띠엠 캇 똑 콩

✈ 계산은 방으로 해 주세요.

Will you charge it to my room?

Hãy tính vào tiền phòng.

하이 띤 바오 띠엔 퐁

세탁

✈ 세탁서비스는 있나요?

Do you have laundry service?

Có dịch vụ giặt là không?

꼬 직 부 쟛 라 콩

✈ 세탁을 부탁합니다.

I'd like to drop off some laundry.

Hãy giặt là giúp tôi.

하이 쟛 라 쥽 또이

✈ 언제 됩니까?

When will it be ready?

Khi nào thì được?

키 나오 티 드억

✈ 빨리 해 주시겠어요?

Could you do it as soon as possible, please?

Anh(Chị) làm nhanh giúp tôi được không?

아잉(찌) 람 냐잉 쥽 또이 드억 콩

✈ 이 얼룩을 빼 주겠어요?

Can you get this stain out?

Có thể sạch vết bẩn này giúp tôi được không?

꼬 테 싸익 벳 번 나이 쥽 또이 드억 콩

✈ 이 와이셔츠를 다려 주세요.

I'd like these shirt pressed.

Hãy là/ủi chiếc áo sơ mi này giúp tôi.

하이 라/우이 찌엑 아오 써 미 나이 쥽 또이

미용실에서

미용실은 있습니까?
Is there a beauty salon?
Có salon làm đẹp không?
꼬 살롱 람 뎁 콩

오늘 오후에 예약할 수 있습니까?
Can I make an appointment for the afternoon?
Có thể đặt trước vào chiều nay không?
꼬 테 닷 쯔억 바오 찌에우 나이 콩

(헤어스타일을) 어떻게 할까요?
How would you like your hair?
Anh(Chị) muốn kiểu tóc nào ạ?
아잉(찌) 무온 끼에우 똑 나오 아

샴푸와 세트를 부탁합니다.
Shampoo and set, please.
Hãy gội và uốn tóc cho tôi.
하이 고이 바 우온 똑 쪼 또이

커트와 샴푸만 해 주세요.
Haircut and shampoo, please.
Tôi chỉ muốn cắt tóc và gội đầu.
또이 찌 무온 깟 똑 바 고이 저우

가볍게 파마를 해 주세요.
A soft permanent, please.
Hãy uốn tóc nhẹ nhàng cho tôi.
하이 우온 똑 녜 냥 쪼 또이

이발소에서

커트와 면도를 부탁합니다.
Haircut and shave, please.
Tôi muốn cắt tóc và cạo râu.
또이 무온 캇 똑 바 까오 러우

조금만 깎아 주세요.
Just trim it, please.
Hãy cắt tóc một chút thôi.
하이 깟 똑 못 쭛 토이

짧게 깎아 주세요.
Cut it short, please.
Hãy cắt tóc ngắn cho tôi.
하이 깟 똑 응안 쪼 또이

너무 짧게 하지 마세요.
Please don't cut it too short.
Đừng cắt tóc ngắn quá.
등 깟 똑 응안 꽈

뒤를 조금 잘라 주세요.
A little more off the back.
Hãy cắt phía sau một chút.
하이 깟 피아 사우 못 쭛

앞을 조금 잘라 주세요.
A little more off the front.
Hãy cắt phía trước một chút.
하이 깟 피아 쯔억 못 쭛

UNIT 05

호텔에서의 전화·우편

요새는 해외여행 시 휴대폰을 로밍하는 경우가 많아 호텔전화를 이용하는 경우가 그리 많지 않습니다. 국제전화는 호텔에서 다이얼로 직접 거는 방법 외에 오퍼레이터를 통한 번호지정통화, 컬렉트콜 등을 이용할 수 있습니다. 국제자동전화를 이용할 때는 베트남 국제자동전화 식별번호→우리나라 국가번호(82)→국가 내의 지역번호(숫자 0은 생략)→가입자의 번호 순으로 다이얼을 돌립니다.

__________________ (으)로 부탁합니다.

By __________________, please.

Hãy bằng __________________.

하이 방

- 컬렉트콜 collect call điện thoại người nghe trả tiền 디엔 토아이 응어이 녜 짜 띠엔
- 항공편 airmail đường hàng không 드엉 항 콩

Q : 한국으로 전화를 하고 싶은데요.

I'd like to make a phone call to Korea.

Tôi muốn gọi điện thoại về Hàn Quốc.

또이 무온 고이 디엔 토아이 베 한 꾸옥

A : 몇 번입니까?

What's the number?

Số bao nhiêu ạ?

쏘 바오 니에우 아

전화를 이용할 때

✈ (교환수) 누구를 불러 드릴까요?

To whom are you calling?

Anh(Chị) muốn gọi cho ai?

아잉(찌) 무온 고이 쪼 아이

✈ (교환수) 당신의 이름과 호실을 말씀하십시오.

Your name and room number, please.

Hãy cho biết tên và số phòng của anh(chị).

하이 쪼 비엣 뗀 바 쏘 퐁 꾸어 아잉(찌)

✈ (교환수) 그대로 기다리십시오.

Hold on, please.

Xin hãy giữ máy và chờ một chút.

신 하이 지으 마이 바 쩌 못 쭛

✈ (교환수) 전화를 끊고 기다려 주십시오.

Please hang up and wait.

Hãy cúp điện thoại và chờ tôi.

하이 꿉 디엔 토아이 바 쩌 또이

✈ (교환수) 자, 말씀하십시오.

Go ahead, please.

Vâng, mời anh(chị) nói ạ.

벙 머이 아잉(찌) 노이 아

✈ (교환수) 통화 중입니다.

The line is busy.

Bây giờ máy đang bận.

버이 져 마이 당 번

(교환수) 응답이 없습니다.

There's no answer.

Không có phản hồi.

콩 꼬 반 호이

외선으로 전화하려면 어떻게 하나요?

How do I make an outside call?

Nếu muốn gọi điện thoại ngoại mạng thì phải làm thế nào?

네우 무온 고이 디엔 토아이 응오이 망 티 파이 람 테 나오

방에서 한국으로 전화할 수 있나요?

Can I make a call to Korea from my room?

Tôi có thể gọi điện thoại về Hàn Quốc trong phòng không?

또이 꼬 테 고이 디엔 토아이 베 한 꾸옥 쫑 퐁 콩

한국으로 팩스를 보내고 싶은데요.

I'd like to send a fax to Korea.

Tôi muốn gửi fax sang Hàn Quốc.

또이 무온 그이 팩스 상 한 꾸옥

전화요금은 얼마입니까?

How much was the charge?

Cước phí điện thoại là bao nhiêu?

끄억 피 디엔 토아이 라 바오 니에우

편지를 보낼 때

이 근처에 우체국은 없습니까?
Is there a post office near here?
Ở gần đây không có bưu điện sao?
어 건 더이 콩 꼬 브우 디엔 싸오

우표는 어디서 살 수 있나요?
Where can I buy stamps?
Tôi có thể mua con tem ở đâu?
또이 꼬 테 무어 꼰 템 어 더우

우표 자동판매기는 어디에 있습니까?
Where's a stamp vending machine?
Máy bán tem tự động ở đâu?
마이 반 템 뜨 동 어 더우

한국까지 항공편으로 보내 주세요.
By airmail to Korea, please.
Hãy gửi đường hàng không đến Hàn Quốc.
하이 그이 드엉 항 콩 덴 한 꾸옥

이 소포를 한국으로 보내고 싶은데요.
I'd like to send this parcel to Korea.
Tôi muốn gửi bưu phẩm này đến Hàn Quốc.
또이 무온 그이 브우 펌 나이 덴 한 꾸옥

이 편지를 부쳐 주세요.
Please send this letter.
Hãy gửi thư này.
하이 그이 트 나이

UNIT **06**

호텔에서의 트러블

호텔 방이 100% 안전하다고 과신해서는 안 됩니다. 비품이 제대로 갖추어져 있지 않거나 불의의 사고로 다치거나, 도둑이 종업원을 가장해 방에 들어와 물건을 훔치는 경우도 적지 않습니다. 문제가 발생했을 때는 그냥 넘어가지 말고 반드시 프런트 데스크에 연락을 취해 해결하도록 합시다.

__________ (이)가 고장 났습니다.

The __________ doesn't work.

__________ bị hỏng rồi.

비 홍 조이

□ 열쇠	lock	Chìa khóa	찌아 코아
□ 에어컨	air-conditioner	Máy lạnh	마이 란
□ 수도꼭지	faucet	Van nước	반 느억
□ 히터	heater	Máy sưởi	마이 스어이

Q : 잠깐 와 주시겠어요?

Could you send someone up to my room?

Có thể cử người vào phòng tôi được không?

꼬 테 끄 응어이 바오 퐁 또이 드억 콩

A : 네, 무슨 일이십니까?

Sure, what's the problem?

Vâng, có chuyện gì ạ?

벙 꼬 쭈옌 지 아

방에 들어갈 수 없을 때

✈ 마스터키를 부탁합니다.
The master key, please.
Tôi yêu cầu chìa khóa vạn năng.
또이 이우 꺼우 찌아 콰 반 낭

✈ 문이 잠겨 방에 들어갈 수 없습니다.
I locked myself out.
Cửa bị khóa không vào được.
끄어 비 콰 콩 바이 드억

✈ 열쇠를 방에 두고 나왔습니다.
I left the key in my room.
Tôi để quên chìa khóa trong phòng rồi.
또이 데 꿴 찌아 코아 쫑 퐁 조이

✈ 카드키는 어떻게 사용합니까?
How do I use the card key?
Thẻ chìa khóa sử dụng thế nào?
테 찌아 콰 스 중 테 나오

✈ 방 번호를 잊어버렸습니다.
I forgot my room number.
Tôi đã quên mất số phòng.
또이 다 꿴 멋 소 퐁

✈ 복도에 이상한 사람이 있습니다.
There is a strange person in the corridor.
Có một người kì lạ trong hành lang.
꼬 못 응어이 끼 라 쫑 하잉 랑

방을 바꿔달라고 할 때

✈ 옆방이 무척 시끄럽습니다.

The next room is very noisy.

Phòng bên cạnh rất ồn ào.

퐁 벤 깐 졋 온 아오

✈ (시끄러워서) 잠을 잘 수 없습니다.

I can't sleep.

Tôi không thể ngủ được.

또이 콩 테 응우 드억

✈ 방을 바꿔 주세요.

Could you give me a different room?

Hãy đổi phòng khác giúp tôi.

하이 도이 퐁 칵 즙 또이

수리를 원할 때

✈ 화장실 물이 잘 흐르지 않습니다.

This toilet doesn't flush well.

Phòng vệ sinh không xả nước được.

퐁 베 씬 콩 싸 느억 드억

✈ 뜨거운 물이 나오지 않는데요.

There's no hot water.

Không có nước nóng.

콩 꼬 느억 농

✈ 물이 샙니다.

The water is leaking.

Nước bị rò rỉ.

느억 비 조 지

✈ 수도꼭지가 고장 났습니다.
The faucet is broken.
Vòi nước bị hỏng rồi.
버이 늑 비 홍 조이

✈ 물이 뜨겁지 않습니다.
The water isn't hot enough.
Nước không đủ nóng.
늑 콩 두 농

✈ 빨리 고쳐 주세요.
Could you fix it now?
Hãy sửa cho tôi.
하이 쓰어 쪼 또이

청소가 안 됐거나 비품이 없을 때

✈ 방 청소가 아직 안 되었습니다.
My room hasn't been cleaned yet.
Phòng tôi chưa được dọn dẹp.
퐁 또이 쯔어 드억 전 젭

✈ 미니바가 비어 있습니다.
The mini-bar is empty.
Minibar trống rỗng.
미니바 쫑 종

✈ 타월을 바꿔 주세요.
Can I get a new towel?
Hãy thay khăn mặt giúp tôi?
하이 타이 칸 맛 쥽 또이

UNIT 07

체크아웃

아침 일찍 호텔을 떠날 때는 가능하면 전날 밤 짐을 꾸려 다음 날 아침 짐을 가지러 오도록 미리 벨캡틴에게 부탁해두면 좋습니다. 택시를 부르거나 공항 버스 시각을 알아두고 체크아웃 예약도 전날 밤 해두면 편하게 출발할 수 있습니다. 방을 나갈 때는 놓고 가는 물건이 없는지 확인하도록 합시다.

__________ 은(는) 무엇입니까?

What is this __________ ?

__________ là gì ?

라 지

□ 요금	charge for	Cước phí	끄억 피
□ 숫자	figure	Con số	꼰 쏘
□ 추가요금	additional charge for	Phí phụ thu	피 부 투

Q : 체크아웃을 부탁합니다.

I'd like to check out now.

Tôi muốn trả phòng.

또이 무온 짜 퐁

A : 몇 호실입니까?

What's your room number?

Phòng số mấy ạ?

퐁 쏘 머이 아

체크아웃을 준비할 때

✈ 체크아웃은 몇 시입니까?
When is check out time?
Trả phòng lúc mấy giờ?
짜 퐁 룩 머이 져

✈ 몇 시에 떠날 겁니까?
What time are you leaving?
Mấy giờ anh(chị) sẽ rời đi?
머이 져 아잉(찌) 쎄 저이 디

✈ 하룻밤 더 묵고 싶은데요.
I'd like to stay one more night.
Tôi muốn ở lại thêm một đêm nữa.
또이 무온 어 라이 템 못 뎀 느어

✈ 하루 일찍 떠나고 싶은데요.
I'd like to leave one day earlier.
Tôi muốn đi sớm một ngày.
또이 무온 디 썸 못 응아이

✈ 오후까지 방을 쓸 수 있나요?
May I use the room till this afternoon?
Có thể dùng phòng đến buổi chiều được không?
꼬 테 중 퐁 덴 부오이 찌에우 드억 콩

✈ 오전 10시에 택시를 불러 주세요.
Please call a taxi for me at 10 a.m.
Hãy gọi taxi cho tôi lúc 10 giờ sang.
하이 고이 딱씨 쪼 또이 룩 므어이 져 상

체크아웃

✈ (전화로) 체크아웃을 하고 싶은데요.

Check out, please.

Tôi muốn trả phòng.

또이 무온 짜 퐁

✈ 1234호실 홍길동입니다.

My name is Kil-dong Hong, Room 1234.

Phòng 1234, tên là Hong Kil-dong.

퐁 못 하이 바 본 뗀 라 홍길동

✈ 포터를 보내 주세요.

A porter, please.

Gọi cho tôi người khuân vác.

고이 쪼 또이 응어이 꾸언 박

✈ 귀중품을 꺼내 주세요.

I'd like my valuables from the safe.

Hãy lấy đồ giá trị của tôi ra giúp tôi.

하이 러이 도 쟈 찌 꾸어 또이 자 쥽 또이

✈ 출발할 때까지 짐을 맡아 주시겠어요?

Could you keep my baggage until my departure time?

Có thể bảo quản hành lý của tôi cho tới khi khởi hành được không?

꼬 테 바오 꽌 하잉 리 꾸어 또이 쪼 떠이 키 커이 하잉 드억 콩

✈ 방에 물건을 두고 나왔습니다.

I left something in my room.

Tôi để quên vật gì trong phòng rồi.

또이 데 꿴 벗 지 쫑 퐁 조이

계산을 할 때

✈ 계산을 부탁합니다.
My bill, please.
Xin hãy thanh toán.
신 하이 타잉 또안

✈ 신용카드도 됩니까?
Do you accept a credit card?
Tôi có thể dùng thẻ tín dụng được không?
또이 꼬 테 중 테 띤 중 드억 콩

✈ 여행자수표도 됩니까?
Do you accept a traveler's check?
Dùng ngân phiếu du lịch có được không?
중 응언 피에우 쥬 릭 꼬 드억 콩

✈ 전부 포함된 겁니까?
Is everything included?
Đã bao gồm tất cả chưa?
다 바오 곰 떳 까 쯔어

✈ 계산이 틀린 것 같은데요.
I think there is a mistake on this bill.
Hình như tính nhầm rồi.
힌 느 띤 념 조이

✈ 고맙습니다. 즐겁게 보냈습니다.
Thank you. I enjoyed my stay.
Cảm ơn. Tôi đã có một thời gian vui vẻ.
깜 언 또이 다 꼬 못 터이 쟌 부이 베

호텔에서 볼 수 있는 게시판			
입구	ENTRANCE	Lối vào	로이 바오
출구	EXIT/WAY OUT	Lối ra	로이 라
휴대품 보관소	CLOAKROOM	Nơi bảo quản đồ xách tay	너이 바오 꽌 도 싹 따이
별관	ANNEX	Tòa nhà phụ	또아 냐 푸
남자 화장실	GENTLEMAN/ MEN	Nhà vệ sinh nam	냐 베 씬 남
여자 화장실	LADIES/WOMEN	Nhà vệ sinh nữ	냐 베 씬 느
현금 출납원	CASHIER	Người quản lý tiền mặt	응어이 꽌 리 띠엔 맛
방 청소 중	MAKE UP ROOM	Dọn dẹp phòng	전 젭 퐁
접수처	REGISTRATION/ FRONT DESK	Nơi tiếp đón	너이 띠엡 던
비상구	EMERGENCY EXIT FIRE EXIT	Lối thoát hiểm	로이 토앗 히엠
관계자 외 출입금지	EMPLOYEES ONLY	Không phận sự miễn vào	콩 펀 스 미엔 바오
면회사절	DO NOT DISTURB	Đừng làm phiền	등 람 피엔
식당	DINING ROOM	Phòng ăn	퐁 안
커피숍	COFFEE SHOP	Quán cá phê	꽌 까 페
관광호텔	TOURIST HOTEL	Khách sạn du lịch	칵 산 쥬 릭
메이드	MAID	Người giúp việc	응어이 쥽 비엑
지배인	MANAGER	Người quản trị khách sạn	응어이 꽌 찌 칵 산
로비	LOBBY	Hành lang	하잉 랑

식 사

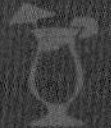

베트남의 대표 음식

ㅇ 포

베트남은 쌀이 풍부하여 쌀로 만든 음식들이 많다. 베트남 음식 중에 우리에게 가장 익숙한 음식은 바로 쌀국수이다. 베트남 쌀국수를 베트남에서는 포라고 부른다. 포는 쌀로 만든 납작한 면을 말한다. 쌀국수 안에 있는 고기가 무엇이냐에 따라 쇠고기 쌀국수는 포 보, 닭고기 쌀국수는 포 가라고 부른다. 우리에게 익숙한 쌀국수는 포 보다.

ㅇ 고이꾸온

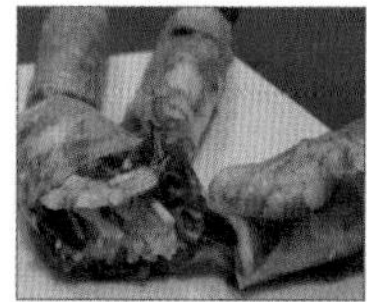

우리에게는 월남쌈이라는 이름으로 친숙하다. 라이스페이퍼(반짱)에 고기, 채소, 새우 등을 넣고 돌돌 말아 땅콩소스에 찍어 먹는 음식을 가리킨다. 라이스페이퍼 안에 들어가는 속을 먹는 사람의 취향에 따라 다양하게 넣을 수 있는 것이 고이꾸온의 가장 큰 매력이다. 고이는 생 채소 등으로 만든 샐러드 같은 요리, 꾸온은 말이를 가리킨다. 베트남 북부에서는 넴 꾸온이라 불린다.

ㅇ 분짜

출처: 위키백과

하노이의 대표적인 음식이다. 숯불에 구운 고기 완자와 채소, 쌀국수면을 새콤달콤한 소스에 적셔 먹는다. 분도 역시 쌀국수를 의미하나 납작한 포와 다르게 일반적으로 둥글고 얇은 쌀국수면을 가리킨다. 짜는 숯불에 구운 돼지고기 완자를 말한다. 분짜를 찍어 먹는 새콤달콤한 소스는 베트남에서 흔하게 사용되는 느억맘 소스이다. 생선에 소금과 설탕을 넣고 발효시켜 윗부분의 맑은 물을 걸러낸 것이다.

ㅇ 반쎄오

간단하게 말하면 베트남식 부침개 혹은 베트남식 크레페라고 할 수 있다. 얇게 펴낸 쌀가루 반죽에 해산물, 고기, 채소 등을 넣고 반달 모양으로 접어 부친 것이다. 지

역마다 이름이 조금씩 다르기도 하고 먹는 법이 조금씩 다르기도 하다. 소스에 찍어 먹거나 반짱에 싸 먹거나 하는 여러 가지 방법으로 즐겨 보자.

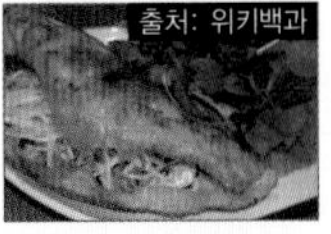
출처: 위키백과

○ 반미

살짝 구운 쌀 바게뜨를 반으로 갈라 버터나 소스를 바르고 그 안에 햄, 고기, 채소, 달걀 등을 넣어 만든 베트남식 샌드위치로 먹기가 간단하며 아침식사 대용으로 사랑받는다. 프랑스의 식민 지배 영향으로 생긴 음식이다. 베트남의 대표적인 길거리 음식이다.

○ 짜조

라이스페이퍼에 고기, 버섯, 국수 등의 소를 넣고 튀긴 베트남식 튀김만두로, 춘권과 비슷하다. 겉은 바삭하고 속은 부드러워 더욱 매력 있다. 새해맞이나 행사, 접대 등에 빠지지 않는 대중적인 음식이다. 영어로 스프링롤이라는 이름이 알려져 있으며 짜조는 남부 지방에서 주로 불리는 이름이다. 북부 지방에서는 넴이라고 부른다.

○ 껌 스언 느엉

베트남 남부의 대표적인 서민 음식이다. 껌은 밥, 스언은 갈비, 느엉은 구이를 의미한다. 따라서 껌 스언 느엉은 갈비구이덮밥이다. 다양한 소스로 만들어진 달달한 양념이 맛을 더한다. 우리나라 음식과 맛이 크게 다르지 않아서 베트남 음식이 입에 맞지 않는 사람도 쉽게 먹을 수 있는 음식이다. 껌 스언 느엉 외에도 닭고기덮밥인 껌 가 등의 다양한 덮밥이 발달되어 있다.

출처: 위키백과

○ 쩨

베트남식 빙수라고 할 수 있다. 콩, 녹두, 팥 등을 끓여 식히고 얼음과 과일을 넣어 시원하게 먹는 디저트이다. 수저로 건져 먹기도 하고 벌컥벌컥 마시기도 한다. 지역마다 토핑이 조금씩 다르다. 단팥죽처럼 따뜻하게 먹기도 하고 과일주스처럼 시원하게 먹기도 한다.

출처: 위키백과

UNIT 01

식당 찾기·예약하기

시내의 관광안내소나 호텔의 인포메이션에서는 가고 싶은 레스토랑 가이드를 받을 수 있습니다. 보통 이상의 레스토랑에서 식사를 할 경우 예약을 하고 가야 하며, 복장도 신경을 쓰는 게 좋습니다. 또한 현지인에게 인기가 있는 레스토랑은 가격도 적당하고 맛있는 가게가 많습니다.

가장 가까운 ________ 식당은 어디입니까?

Where is the nearest ________ restaurant?

Nhà hàng ________ gần nhất ở đâu?

냐 항 건 녓 어 더우

□	한국	Korean	Hàn Quốc	한 꾸옥
□	베트남	Vietnamese	Việt Nam	비엣 남
□	중국	Chinese	Trung Quốc	쭝 꾸옥
□	프랑스	French	Pháp	팝

Q : 예약이 필요합니까?

Do we need a reservation?

Chúng tôi có cần đặt trước không?

쭝 또이 꼬 껀 닷 쯔억 콩

A : 아니오. 그냥 오셔도 됩니다.

No, sir. Walk right in.

Không, anh(chị) cứ đến là được.

콩 아잉(찌) 끄 덴 라 드억

식당을 찾을 때

✈ 이 근처에 맛있게 하는 음식점은 없습니까?

Is there a good restaurant around here?

Gần đây có quán ăn nào ngon không?

건 더이 꼬 꽌 안 나오 응온 콩

✈ 이곳에 한국 식당은 있습니까?

Do you have a Korean restaurant?

Ở đây có nhà hang Hàn Quốc không?

어 더이 꼬 냐 항 한 꾸옥 콩

✈ 이 지방의 명물요리를 먹고 싶은데요.

I'd like to have a some local food.

Tôi muốn ăn món ăn đặc sản nổi tiếng của vùng này.

또이 무온 안 몬 안 닥 싼 노이 띠엥 꾸어 붕 나이

✈ 음식을 맛있게 하는 가게가 있으면 가르쳐 주세요.

Could you recommend a popular restaurant?

Nếu có nhà hàng nào ngon thì hãy cho tôi biết nhé.

네우 꼬 냐 항 나오 응온 티 하이 쪼 또 비엣 녜

✈ 싸고 맛있는 가게는 있습니까?

Do you know a nice, reasonably-priced restaurant?

Có quán ăn nào vừa rẻ vừa ngon không?

꼬 꽌 안 나오 브어 제 브어 응온 콩

✈ 가볍게 식사를 하고 싶은데요.

I'd like to have a light meal.

Tôi muốn ăn nhẹ thôi.

또이 무온 안 녜 토이

✈ 이 시간에 문을 연 가게는 있습니까?
Is there a restaurant open at this time?
Giờ này có cửa hàng nào mở cửa không?
쪄 나이 꼬 끄어 항 나오 머 끄어 콩

✈ (책을 보이며) 이 가게는 어디에 있습니까?
Where is this restaurant?
Quán ăn này ở đâu ạ?
꽌 안 나이 어 더이 아

✈ 이 지도 어디에 있습니까?
Would you show me on this map?
Anh(Chị) có thể cho tôi biết trong bản đồ này không?
아잉(찌) 꼬 테 쪼 또이 비엣 쫑 반 도 나이 콩

✈ 걸어서 갈 수 있습니까?
Can I get there on foot?
Có thể đi bộ được không?
꼬 테 디 보 드억 콩

✈ 몇 시부터 엽니까?
What time does it open?
Quán ăn đó mở cửa lúc mấy giờ?
꽌 안 도 머 끄어 룩 머이 져

✈ 조용한 분위기의 레스토랑이 좋겠습니다.
I'd like a quiet restaurant.
Tôi thích nhà hàng có không gian yên tĩnh.
또이 틱 냐 항 꼬 콩 쟌 옌 띤

✈ 붐비는 레스토랑이 좋겠습니다.
I'd like a restaurant with a cheerful atmosphere.
Tôi thích nhà hàng đông người.
또이 띡 냐 항 동 응어이

✈ 식당이 많은 곳은 어디입니까?

Where is the main area for restaurants?

Nơi có nhiều nhà hàng ở đâu?

너이 꼬 니에우 냐 항 어 더우

✈ 로마라는 이탈리아 식당을 아십니까?

Do you know an Italian restaurant called Roma?

Anh(Chị) có biết nhà hàng Ý tên là Roma không?

아잉(찌) 꼬 비엣 냐 항 이 뗀 라 로마 콩

✈ 이곳 사람들이 많이 가는 식당이 있습니까?

Are there any restaurant where mostly local people go?

Có nhà hàng nào người dân địa phương thường xuyên tới không?

꼬 냐 항 나오 응어이 젼 디아 프엉 트엉 수옌 떠이 콩

✈ 예약이 필요한가요?

Do we need a reservation?

Có cần đặt trước không ạ?

꼬 껀 닷 쯔억 콩 아

식당 예약할 때

✈ 그 레스토랑을 예약해 주세요.

Make a reservation for the restaurant, please.

Hãy đặt trước nhà hàng đó giúp tôi.

하이 닷 쯔억 냐 항 도 쥽 또이

✈ 여기서 예약할 수 있나요?

Can we make a reservation here?

Tôi có thể đặt chỗ ở đây được không?

또이 꼬 테 닷 쪼 어 더이 드억 콩

✈ 오늘 밤 예약하고 싶은데요.

I'd like to make a reservation for tonight.

Tôi muốn đặt chỗ đêm nay.

또이 무온 닷 쪼 뎀 나이

✈ (주인) 손님은 몇 분이십니까?

How large is your party?

Có bao nhiêu khách?

꼬 바오 니에우 칵

✈ 오후 6시 반에 5명이 갑니다.

Five persons at 6:30 p.m.

6 giờ 30 phút chiều có 5 người.

사우 져 바 므어이 풋 꼬 남 응어이

✈ 전원 같은 자리로 해 주세요.

We'd like to have a table together.

Chúng tôi muốn ngồi cùng nhau.

쭝 또이 무온 응오이 꿍 녀우

✈ 거기는 어떻게 갑니까?

How can I get there?

Đi đến đó như thế nào?

디 덴 도 느 테 나오

✈ (주인) 몇 시가 좋으시겠습니까?

What times are available?

Mấy giờ thì tốt ạ?

머이 져 티 똣 아

✈ 몇 시에 자리가 납니까?

What time can we reserve a table?

Mấy giờ tôi có thể đặt chỗ được?

머이 져 또이 꼬 테 닷 쪼 드억

✈ 복장에 규제는 있습니까?

Is there a dress code?

Có quy định về trang phục không?

꼬 뀌 딘 베 짱 푹 콩

✈ 금연[흡연]석으로 부탁합니다.

We'd like a non-smoking[smoking] table.

Cho tôi chỗ ngồi cấm hút được[hút thuốc].

쪼 또이 쪼 응오이 껌 훗 드억[훗 투옥]

✈ 미안합니다. 예약을 취소하고 싶습니다.

I'm sorry, but I want to cancel my reservation.

Xin lỗi, tôi muốn hủy đặt chỗ.

신 로이 또이 무온 후이 닷 쪼

UNIT 02

식사 주문

레스토랑에 도착하면 입구에서 예약한 경우에는 이름을 말하고 안내를 기다리며, 의자에 앉을 때는 여성이 안쪽으로 앉도록 하고 테이블에 앉은 후에는 디저트가 나올 때까지 담배는 삼가는 것이 에티켓입니다.

_______________ 을(를) 주세요.

_______________ , please.

Cho tôi _______________ .

쪼 또이

□ 쌀국수	Rice noodle	Phở	퍼
□ 분짜	Bun cha	Bún chả	분 짜
□ 넴	Nem	Nem	넴
□ 바잉 쎄오	Banh xeo	Bánh xèo	바잉 쎄오

Q : 주문하시겠습니까?

Are you ready to order?

Anh(Chị) gọi món chưa ạ?

아잉(찌) 고이 몬 쯔어 아

A : 아직 정하지 않았습니다.

Not yet.

Chưa.

쯔어

✈ 안녕하세요. 예약은 하셨습니까?
Good evening. Do you have a reservation?
Xin chào. Anh(Chị) đã đặt trước chưa ạ?
신 짜오 아잉(찌) 다 닷 쯔억 쯔어 아

✈ 6시에 예약한 홍길동입니다.
My name is Kil-dong Hong. I have a reservation at six.
Tôi tên là Hong Gil-dong đã đặt chỗ lúc 6 giờ.
또이 뗀 라 홍길동 다 닷 쪼 룩 사우 져

✈ 예약을 하지 않았습니다.
We don't have a reservation.
Tôi chưa đặt chỗ.
또이 쯔어 닷 쪼

✈ 몇 분이십니까?
How many in your party?
Có bao nhiêu khách vậy ạ?
꼬 바오 니에우 칵 버이 아

✈ 안내해드릴 때까지 기다려 주십시오.
Please wait to be seated.
Vui lòng chờ cho tới khi chúng tôi hướng dẫn chỗ ngồi.
부이 롱 쩌 쪼 떠이 키 쭝 또이 흐엉 젼 쪼 응오이

✈ 조용한 안쪽 자리로 부탁합니다.
We'd like to have a table in a quiet corner.
Hãy xếp cho tôi chỗ ngồi bên trong yên tĩnh.
하이 쎕 쪼 또이 쪼 응오이 벤 쫑 옌 띤

메뉴를 볼 때

메뉴 좀 보여 주세요.
May I see the menu?
Cho tôi xem thực đơn.
쪼 또이 쌤 특 던

한국어 메뉴는 있습니까?
Do you have a menu in Korean?
Có thực đơn tiếng Hàn Quốc không?
꼬 특 던 띠엥 한 꾸옥 콩

메뉴에 대해서 가르쳐 주세요.
Would you help me with this menu?
Hãy giới thiệu về thực đơn.
하이 져이 티에우 베 특 던

이 지방의 명물요리는 있습니까?
Do you have any local dishes?
Có món ăn nổi tiếng của địa phương này không?
꼬 몬 안 노이 띠엥 꾸어 디아 프엉 나이 콩

무엇을 권하시겠습니까?
What do you recommend?
Bạn muốn giới thiệu món gì?
반 무온 져이 티에우 몬 지

나중에 다시 오실래요?
Could you come back later?
Sau này anh(chị) có đến nữa không?
사우 나이 아잉(찌) 꼬 덴 느어 콩

주문할 때

(웨이터) 주문하시겠습니까?
Are you ready to order?
Anh(Chị) đã gọi món chưa ạ?
아잉(찌) 다 고이 몬 쯔어 아

잠깐 기다려 주세요.
We need a little more time.
Xin hãy đợi một chút.
신 하이 더이 못 쭛

(웨이터를 부르며) 주문받으세요.
We are ready to order.
Chúng tôi đã sẵn sàng để gọi món ăn rồi.
쭝 또이 다 산 상 데 고이 몬 안 조이

(웨이터) 음료는 무엇으로 하시겠습니까?
What would you like to drink?
Quý khách dùng đồ uống gì ạ?
뀌 칵 중 도 우옹 지 아

이것으로 부탁합니다.
I'll take this one.
Tôi muốn cái này.
또이 무온 까이 나이

여기서 잘하는 요리는 무엇입니까?
What is the specialty of the house?
Món ăn ngon nhất ở đây là gì?
몬 안 응온 녓 어 더이 라 지

✈ 오늘 특별 요리가 있습니까?

Do you have today's special?

Hôm nay có món nào đặc biệt không?

홈 나이 꼬 몬 나오 닥 비엣 콩

✈ (메뉴를 가리키며) 이것과 이것으로 주세요.

This and this, please.

Cho tôi cái này và cái này.

쪼 또이 까이 나이 나 까이 나이

✈ 저도 같은 것으로 주세요.

I'll have the same.

Cho tôi cái giống như vậy.

쪼 또이 까이 죵 느 버이

✈ 빨리 되는 것은 있습니까?

Do you have anything ready quickly?

Có món ăn nào được nấu nhanh không?

꼬 몬 안 나오 드억 너우 냐잉 콩

✈ 저것과 같은 요리를 주시겠어요?

Can I have the same dish as that?

Có thể cho tôi món giống cái kia không?

꼬 테 쪼 또이 몬 죵 까이 끼아 콩

✈ 빨리 됩니까?

Can I have it right away?

Tôi có thể nhận cái đó ngay được không?

또이 꼬 테 년 까이 도 응아이 드억 콩

✈ 이것은 무슨 요리입니까?

What kind of dish is this?

Cái này là món ăn gì?

까이 나이 라 몬 안 지

어떤 요리인지 설명해 주시겠어요?

Can you explain this dish?

Anh(Chị) có thể giải thích cho tôi biết đó là món ăn gì không?

아잉(찌) 꼬 테 쟈이 틱 쪼 또이 비엣 도 라 몬 안 지 콩

요리재료는 뭡니까?

What are the ingredients?

Nguyên liệu nấu ăn là gì?

응우옌 리에우 녀우 안 라 지

이건 맵습니까?

Is this spicy?

Cái này cay không?

까이 나이 까이 콩

(웨이터) 다른 주문은 없으십니까?

Anything else?

Anh(Chị) có gọi món nào khác không?

아잉(찌) 꼬 고이 몬 나이 칵 콩

디저트는 어떻게 하시겠습니까?

What would you like to have for dessert?

Anh(Chị) dùng món tráng miệng không?

아잉(찌) 중 몬 짱 미엥 콩

각국 요리		
한국요리	món ăn Hàn Quốc	몬 안 한 꾸옥
중국요리	món ăn Trung Quốc	몬 안 쭝 꾸옥
일본요리	món ăn Nhật Bản	몬 안 녓 반
인도요리	món ăn Ấn Độ	몬 안 언 도
베트남요리	món ăn Việt Nam	몬 안 비엣 남
이탈리아요리	món ăn Ý	몬 안 이
프랑스요리	món ăn Pháp	몬 안 팝
스페인요리	món ăn Tây Ban Nha	몬 안 떠이 반 냐
독일요리	món ăn Đức	몬 안 득
그리스요리	món ăn Hy Lạp	몬 안 히 랍
지중해요리	món ăn Địa trung hải	몬 안 지아 쭝 하이
멕시코요리	món ăn Mê-xí-cô	몬 안 메씨꼬
아랍요리	món ăn Á Rập	몬 안 아 랍
향토요리	món ăn nông thôn	몬 안 농 톤

식당에서 쓰이는 말		
식당	nhà hàng	냐 항
식사	bữa ăn	브어 안
요리	món ăn	몬 안
예약석	chỗ đặt trước	쪼 닷 쯔억
웨이터	người phục vụ nam	응어이 푹 부 남
웨이트리스	người phục vụ nữ	응어이 푹 부 느
주문	đặt món	닷 몬
추가주문	đặt món them	닷 몬 템
카운터	quầy thanh toán	꽈이 타잉 또안
스푼	thìa	티아
포크	nĩa	니아
접시	đĩa	디아
젓가락	đũa	드어
찻잔	chén trả	쩬 짜
컵	cốc, ly	꼭 리

전채		
멸치	cá cơm	까 껌
캐비어	trứng cá muối	쯩 까 무오이
치즈	phô mai	포 마이
칵테일	cốc tai	꼭 따이
새우	tôm	똠
굴	hào	하오
햄	giăm bông	잠 봉
청어 샐러드	sa lát cá trích	싸 랏 까 찍
훈제연어	cá hồi hun khói	까 호이 훈 커이
소시지	xúc xích	쑥 씩
빵	bành mì	바잉 미
토스트	bành mì nướng	바잉 미 느엉
두부 부침	đậu hũ trứng chiên	더우 후 쯩 찌엔
스프링롤	phở cuốn	퍼 꾸온
춘권	chả giò	짜 져

수프 / 샐러드		
토마토 수프	súp cà chua	습 까 쭈어
닭 죽	cháo gà	짜오 가
양파 수프	súp hành	숩 하잉
죽순 생선 수프	súp cá nấu măng	숩 까 너우 망
야채 수프	súp rau	숩 라우
아스파라거스 샐러드	sa lát măng tây	싸 랏 망 따이
아보카도 샐러드	sa lát bơ	싸 랏 버
양배추 샐러드	sa lát bắp	싸 랏 밥
야채 샐러드	sa lát rau	싸 랏 라우
양상추 샐러드	sa lát rau xà lách	싸 랏 라우 사 락
어패류 샐러드	sa lát hải sản	싸 랏 하이 싼
토마토 샐러드	sa lát cà chua	싸 랏 까 쭈어
따뜻한 샐러드	sa lát nóng	싸 랏 농
샐러드 바	bar sa lát	바 싸 랏

UNIT 03

식사를 하면서

매너란 기본적으로 사람에게 불쾌감을 주지 않기 위해 지켜야 할 룰입니다. 너무 신경을 쓰는 것도 좋지 않지만 식사 중에는 접시 위에서 식기 소리를 내거나 큰소리로 웃거나 떠드는 것을 삼가야 합니다.

_________ 좀 갖다 주시겠어요?
Could I have some _________, please?
Anh(Chị) có thể mang cho tô _________ được không?
아잉(찌) 꼬 테 밍 쪼 또이 _________ 드억 콩

□	소금	salt	muối	무오이
□	후춧가루	pepper	bột hạt tiêu	봇 핫 띠에우
□	간장	soybean sauce	xì dầu / nước tương	씨 저우 / 느억 뜨엉
□	설탕	sugar	đường	드엉

Q : 여기요. 웨이터!
Excuse me. Waiter!
Xin lỗi, bồi bàn!
신 로이 보이 반

A : 네, 무슨 일입니까?
Yes. Can I help you?
Vâng, có chuyện gì vậy?
벙 꼬 쭈옌 지 버이

먹는 법 · 재료를 물을 때

먹는 법을 가르쳐 주시겠어요?
Could you tell me how to eat this?
Có thể chỉ cho tôi cách ăn món này được không?
꼬 테 찌 쪼 또이 까익 안 몬 나이 드억 콩

이건 어떻게 먹으면 됩니까?
How do I eat this?
Cái này ăn như thế nào?
까이 나이 안 느 테 나오

이 고기는 무엇입니까?
What kind of meat is this?
Thịt này là thịt gì?
팃 나이 라 팃 지

이것은 재료로 무엇을 사용한 겁니까?
What are the ingredients for this?
Món này dùng nguyên liệu gì vậy?
몬 나이 중 응우옌 리우 지 버이

필요한 것을 부탁할 때

빵을 좀 더 주세요.
Can I have more bread?
Cho tôi thêm bánh mỳ.
쪼 또이 템 바잉 미

디저트 메뉴는 있습니까?
Do you have a dessert menu?
Có thực đơn món tráng miệng không?
꼬 특 던 몬 짱 미엥 콩

✈ 물 한 잔 주세요.
I'd like a glass of water, please.
Cho tôi một ly nước.
쪼 또이 못 리 느억

✈ 소금 좀 갖다 주시겠어요?
Could I have some salt, please?
Có thể mang cho tôi muối được không?
꼬 테 망 쪼 또이 무오이 드억 콩

✈ 젓가락을 떨어뜨렸습니다.
I dropped my chopsticks.
Tôi đã làm rơi đôi đũa.
또이 다 람 저이 도이 드어

✈ 나이프[포크]를 떨어뜨렸습니다.
I dropped my knife[fork].
Tôi đã làm rơi dao[dĩa]
또이 다 람 저이 자오[지아]

✈ ~을 추가로 부탁합니다.
I'd like to order some more ~.
Tôi muốn thêm ~.
또이 무온 템 ~

디저트 · 식사를 마칠 때

✈ 디저트를 주세요.
I'd like a dessert, please.
Cho tôi món tráng miệng.
쪼 또이 몬 짱 미엥

✈ 디저트는 뭐가 있나요?
What do you have for dessert?
Có món tráng miệng gì?
꼬 몬 짱 미엥 지

✈ (디저트를 권할 때) 아뇨, 됐습니다.
No, thank you.
Không, cảm ơn.
콩 깜 언

✈ 이걸 치워주시겠어요?
Could you please take this away?
Dọn cái này đi được không?
전 까이 나이 디 드억 콩

✈ (맛은) 어떠십니까?
Is everything all right?
Đồ ăn thế nào ạ?
도 안 테 나오 아

✈ 맛있는데요!
This is good!
Rất ngon.
젓 응온

✈ (동석한 사람에게) 담배를 피워도 되겠습니까?
May I smoke?
Tôi hút thuốc có được không?
또이 훗 투옥 꼬 드억 콩

UNIT 04

술집에서

식사를 하면서 술을 마실 경우에는 그 고장의 전통 술을 고르도록 하며, 웨이터와 의논해서 정하도록 합시다. 나라가 다르면 술의 종류도 가게의 분위기도 다릅니다. 게다가 연령제한이나 영업시간도 다릅니다.

_______________ 을(를) 주시겠어요?

May I have a _______________, please?

Làm ơn cho tôi _______________ nhé?

람 언 쪼 또이 녜

□ 맥주	beer	bia	비어
□ 와인	wine	rượu vang	즈어우 방
□ 위스키	whisky	rượu uýt-ki	즈어우 윗키
□ 넵 머이	Nep moi	Nếp Mới	넵 머이

Q : 와인은 어떠십니까?

Would you care for wine?

Rượu vang thì sao ạ?

즈어우 방 티 싸오 아

A : 와인 목록은 있습니까?

Do you have a wine list?

Có danh sách rượu vang không?

꼬 잔 싸익 즈어우 방 콩

술을 주문할 때

이 요리에는 어느 와인이 맞습니까?
Which wine goes with this dish?
Món ăn này hợp với rượu vang nào?
몬 안 나이 헙 버이 즈어우 방 나오

글라스로 주문됩니까?
Can I order it by the glass?
Có thể gọi theo từng ly được không?
꼬 테 고이 데오 뜽 리 드억 콩

레드와인을 한 잔 주세요.
I'd like a glass of red wine.
Cho tôi một ly rượu vang đỏ.
쪼 또이 못 리 즈어우 방 도

생맥주는 있습니까?
Do you have a draft beer?
Có bia tươi không?
꼬 비어 뜨어이 콩

식사하기 전에 무슨 마실 것을 드릴까요?
Would you care for something to drink before dinner?
Trước khi dùng bữa ăn, anh(chị) muốn uống gì?
쯔억 키 둥 브어 안 아잉(찌) 무온 우옹 지

이 지방의 독특한 술입니까?
Is it a local alcohol?
Cái này là loại rượu đặc biệt của vùng này phải không?
까이 나이 라 로아이 즈어우 닷 비엣 꾸어 붕 나이 파이 콩

✈ 어떤 맥주가 있습니까?

What kind of beer do you have?

Có loại bia nào?

꼬 로아이 비어 나오

✈ (웨이터) 음료는 어떻게 하시겠습니까?

Anything to drink?

Anh(Chị) dùng đồ uống gì?

아잉(찌) 중 도 우옹 지

✈ 물만 주시겠어요?

Can I just have water, please?

Cho tôi nước thôi?

쪼 또이 느억 토이

✈ 뭔가 먹을 것은 없습니까?

Do you have something to eat?

Không có cái gì để ăn ạ?

콩 꼬 까이 지 데 안 아

✈ 어떤 술입니까?

What kind of alcohol is it?

Cái này là loại rượu gì vậy?

까이 나이 라 로아이 즈어우 지 버이

✈ 가벼운 술이 좋겠습니다.

I'd like a light alcohol.

Tôi muốn rượu nhẹ.

또이 무온 즈어우 녜

술을 마실 때

✈ 맥주가 별로 차갑지 않네요.

The beer isn't cool enough.

Bia không lạnh lắm.

비어 콩 라잉 람

✈ 건배!

Cheers!

Uống!

우옹!

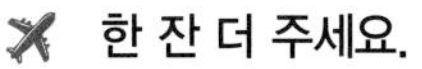

✈ 한 잔 더 주세요.

Another one, please.

Cho tôi thêm một ly nữa.

쪼 또이 템 못 리 느어

✈ 한 병 더 주세요.

May I have another one?

Cho tôi thêm một chai nữa.

쪼 또이 템 못 짜이 느어

✈ 생수 좀 주세요.

I'll have a mineral water.

Cho tôi nước suối nhé.

쪼 또이 느억 쑤오이 녜

✈ 제가 내겠습니다.

It's on me, please.

Tôi sẽ trả tiền.

또이 쎄 짜 띠엔

UNIT **05**

식당에서의 트러블

무언가를 부탁하거나 식사 중에 문제가 발생하면 종업원을 부릅니다. 식사 중에 식기를 떨어뜨렸으면 자신이 줍지 말고 종업원을 불러 다시 가져오도록 합니다.

이건 너무 ＿＿＿＿＿＿.
I think this is a little too ＿＿＿＿＿＿.
Cái này ＿＿＿＿＿＿ quá.
까이 나이 꽈

□ 짭니다	salty	mặn	만
□ 답니다	sweet	ngọt	응엇
□ 맵습니다	hot	cay	까이
□ 십니다	sour	chua	쭈어

Q : 이건 주문하지 않았는데요.
I didn't order this.
Tôi không gọi món này.
또이 콩 고이 몬 나이

A : 아, 그렇습니까?
You didn't, sir?
Ôi, thế ạ.
오이 테 아

요리가 늦게 나올 때

✈ 주문한 게 아직 안 나왔습니다.

My order hasn't come yet.

Món ăn mà tôi gọi chưa ra.

몬 안 마 또이 고이 쯔어 라

✈ 어느 정도 기다려야 합니까?

How long do we have to wait?

Tôi phải khoảng bao lâu?

또이 파이 쾅 바오 러우

✈ 아직 시간이 많이 걸립니까?

Will it take much longer?

Vẫn còn mất nhiều thời gian sao?

번 꼰 멋 니에우 터이 쟌 사오

✈ 조금 서둘러 주시겠어요?

Would you rush my order?

Làm ơn nhanh một chút được không?

람 언 냐잉 못 쭛 드억 콩

✈ 벌써 30분이나 기다리고 있습니다.

I've been waiting for thirty minutes.

Tôi đã chờ 30 phút rồi.

또이 다 쩌 바 므어이 풋 조이

✈ 커피를 두 잔 부탁했는데요.

I ordered two cups of coffee.

Tôi đã gọi hai ly cà phê.

또이 다 고이 하이 리 까 페

주문을 취소하거나 바꿀 때

이건 주문하지 않았는데요.
I don't think I ordered this.
Tôi không gọi món này.
또이 콩 고이 몬 나이

주문을 확인해 주시겠어요?
Can you please check my order?
Có thể kiểm tra gọi món của tôi được không?
꼬 테 끼엠 짜 고이 몬 꾸어 또이 드억 콩

주문을 취소하고 싶은데요.
I want to cancel my order.
Tôi muốn hủy gọi món.
또이 무온 후이 고이 몬

주문을 바꿔도 되겠습니까?
Can I change my order?
Tôi có thể đổi món được không?
또이 꼬 테 도이 몬 드억 콩

글라스가 더럽습니다.
The glass isn't clean.
Cốc này rất bẩn.
꼭 나이 젓 번

새것으로 바꿔 주세요.
Please change this for new one.
Đổi cho tôi sang cái mới.
도이 쪼 또이 쌍 까이 머이

요리에 문제가 있을 때

수프에 뭐가 들어 있습니다.
There's something in the soup.
Có gì đó trong món súp này.
꼬 지 도 쫑 몬 쑵 나이

요리가 덜 된 것 같네요.
This is not cooked enough.
Hình như đồ ăn chưa chin.
힌 느 도 안 쯔어 찐

이 스테이크는 너무 구워졌어요.
I think this steak is overdone.
Món bít tết này nướng quá chín rồi.
몬 빗 뗏 나이 느엉 꽈 찐 조이

홍차가 식었습니다.
This tea isn't hot enough.
Hồng trà này đã nguội.
홍 짜 나이 다 응우오이

이 요리를 데워 주세요.
Please warm this dish up.
Làm ơn làm nóng món này lại.
람 언 람 농 몬 나이 라이

너무 많아서 먹을 수 없습니다.
It is more than I can eat.
Có quá nhiều nên tôi không thể ăn được nữa.
꼬 꽈 니에우 넨 또이 콩 테 안 드억 느어

UNIT 06

패스트푸드점에서

패스트푸드나 카페테리아는 레스토랑보다도 훨씬 가볍게 이용할 수 있습니다. 그 자리에서 만들어 주는 샌드위치나 핫도그, 포테이토칩 등은 시간이 없을 때 간단히 먹을 수 있는 것들입니다. 그 자리에서 먹을 때는 Ăn ở đây.라고 하고, 가지고 나갈 때는 Mang về.라고 하면 됩니다.

__________ 와(과) 콜라 주세요.

__________ and a medium coke, please.

Cho tôi __________ và cô-ca nhé.

쪼 또이 바 꼬 까 녜

□ 햄버거	hamburger	bánh hăm bơ gơ	바잉 함 버 거
□ 프렌치프라이	French fries	khoai tây chiên	코아이 떠이 찌엔
□ 피자	pizza	bánh pizza	바잉 피자
□ 프라이드치킨	fried chicken	gà rán	가 잔

Q : 여기서 드시겠습니까, 아니면 포장을 해드릴까요?

For here or to go?

Anh(Chị) ăn ở đây hay mang về?

아잉(찌) 안 어 더이 하이 망 베

A : 포장해 주세요.

To go. (Take out.)

Mang về.

망 베

패스트푸드를 주문할 때

✈ 이 근처에 패스트푸드점이 있습니까?

Is there a fastfood store around here?

Gần đây có cửa hàng đồ ăn nhanh không?

건 더이 꼬 끄어 항 도 안 냐잉 콩

✈ 햄버거하고 커피 주시겠어요?

Can I have a hamburger and a coffee, please?

Cho tôi bánh Hamburger và cà phê.

쪼 또이 바잉 햄버거 바 까 페

✈ 겨자를 (많이) 발라 주세요.

With (a lot of) mustard, please.

Cho tôi nhiều mù tạt.

쪼 또이 니에우 무 땃

✈ 어디서 주문합니까?

Where do I order?

Tôi có thể gọi món ăn ở đâu?

또이 꼬 테 고이 몬 안 어 더우

✈ 2번 세트로 주세요.

I'll take the number two combo.

Cho tôi set số 2.

쪼 또이 셋 쏘 하이

✈ 어느 사이즈로 하시겠습니까?

Which size would you like?

Anh(Chị) muốn size như thế nào?

아잉(찌) 무온 사이즈 느 테 나오

✈ L[M/S] 사이즈를 주세요.
Large[Medium/Small], please.
Cho tôi cỡ lớn[vừa/nhỏ].
쪼 또이 꺼 런[브어/뇨]

✈ 마요네즈는 바르겠습니까?
Would you like mayonnaise?
Anh(Chị) có muốn cho sốt ma-yo-nai không?
아잉(찌) 꼬 무온 쪼 쏫 마요 나이 콩

✈ 아니오, 됐습니다.
No, thank you.
Không, cảm ơn.
콩 깜 언

✈ 이것을 주세요.
I'll try it.
Cho tôi cái này.
쪼 또이 까이 나이

✈ 샌드위치를 주세요.
A sandwich, please.
Cho tôi bánh sandwich.
쪼 또이 바잉 샌드위치

✈ 케첩을 주세요.
With ketchup, please.
Cho tôi sốt cà chua.
쪼 또이 솟 까 쭈어

✈ (재료를 가리키며) 이것을 샌드위치에 넣어 주세요.
Put this in the sandwich, please.
Hãy cho cái này vào bánh sandwich nhé.
하이 쪼 까이 나이 바오 바잉 샌드위치 녜

주문을 마칠 때

(주문은) 전부입니다.
That's all.
Tôi đã chọn món xong hết.
또이 다 쫀 몬 쏭 헷

여기서 드시겠습니까, 아니면 가지고 가실 겁니까?
For here or to go?
Anh(Chị) ăn ở đây hay mang về?
아잉(찌) 안 어 더이 하이 망 베

여기서 먹겠습니다.
I'll eat here.
Tôi ăn ở đây.
또이 안 어 더이

가지고 갈 거예요.
To go(Take out), please.
Tôi mang về.
또이 망 베

이 자리에 앉아도 되겠습니까?
Can I sit here?
Có thể ngồi ở chỗ này được không?
꼬 테 응오이 어 쪼 나이 드억 콩

패스트푸드 음식

햄버거
bánh hamburger
바잉 햄버거

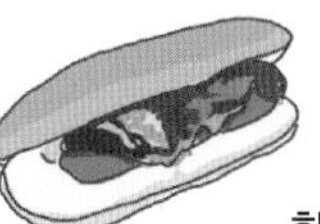

핫도그
bánh mì kẹp
바잉 미 껩

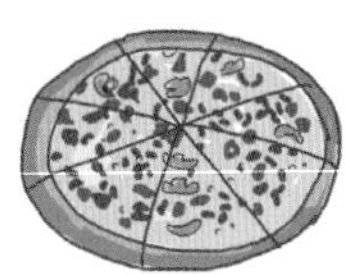

피자
bánh pizza
바잉 피자

프렌치후라이
khoai tây chiên
코아이 떠이 찌엔

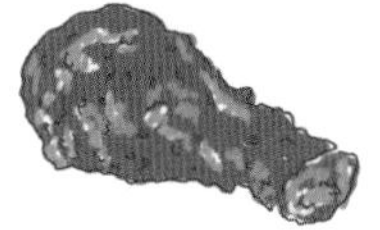

프라이드 치킨
gà rán
가 잔

도넛
bánh mì donut
바잉 미 도넛

아이스크림
kem
껨

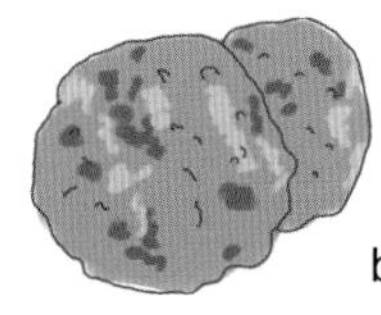

비스킷
bánh quy
바잉 뀌

샐러드
sa lát
싸 랏

샌드위치
bánh sandwich
바잉 샌드위치

조미료

케첩(ketchup)
sốt cà chua
쏫 까 쭈어

머스터드(mustard)
tương mù tạc
뜨엉 무 딱

후추(pepper)
hạt tiêu
핫 띠에우

간장(soy sauce)
nước tương / xì dầu
느억 뜨엉 / 시 저우

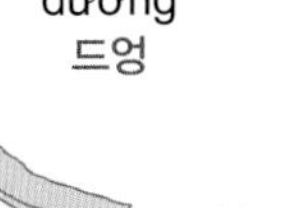

설탕(sugar)
đường
드엉

소금(salt)
muối
무오이

버터(butter)
bơ
버

마가린(margarine)
bơ thực vật
버 특 벗

음료

커피
(coffee)
cà phê
까 페

(커피용) 밀크(milk)
sữa
쓰어

차(tea)
trà
짜

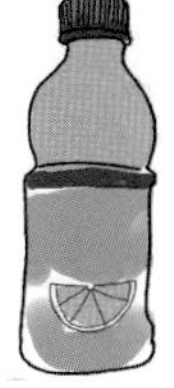

주스(juice)
nước ép
hoa quả
느억 엡 화 꽈

우유(milk)
sữa
쓰어

콜라(coke)
cô–ca
꼬 까

핫초코(hot chocolate)
sô–cô–la nóng
쏘 꼬 라 농

UNIT 07

식비 · 술값 계산

식사가 끝나면 손을 들어서 Xin lỗi, anh(chị).라고 웨이터나 웨이트리스를 불러 Thanh toán(tính tiền) nhé.라고 계산서(hóa đơn)를 부탁합니다. 계산서에 세금과 봉사료가 포함되어 있는 경우에는 팁은 필요 없습니다. 포함되어 있지 않는 경우에는 수고비로 10~15% 정도의 팁을 주어도 되지만 반드시 주어야 하는 것까지는 아닙니다.

______________ 은(는) 포함되어 있나요?

Is ______________ included?

Có bảo gồm ______________ không?

꼬 바오 곰 ______________ 콩

□	봉사료	service charge	phí phục vụ	피 푹 부
□	팁	the tip	tiền boa	띠엔 보아
□	커피값	coffee charge	tiền cà phê	띠엔 까 페
□	자릿세	seat charge	phí chỗ ngồi	피 쪼 응오이

Q : 더 필요하신 게 있습니까?

Can I get you anything else?

Anh(Chị) còn cần gì nữa không?

아잉(찌) 꼰 껀 지 느어 콩

A : 계산을 부탁합니다.

Just the bill, please.

Thanh toán giúp tôi.

타잉 또안 쥽 또이

지불방법을 말할 때

✈ 매우 맛있었습니다.
It was very good.
Món ăn rất ngon.
몬 안 젓 응온

✈ 여기서 지불할 수 있나요?
Can I pay here?
Tôi có thể thanh toán ở đây được không?
또이 꼬 테 타잉 또안 어 더이 드억 콩

✈ 어디서 지불하나요?
Where shall I pay the bill?
Tôi thanh toán ở đâu?
또이 타잉 또안 어 더우

✈ 따로따로 지불하고 싶은데요.
Separate checks, please.
Chúng tôi muốn thanh toán riêng.
쭝 또이 무온 타잉 또안 지엥

✈ 제가 모두 내겠습니다.
I'll take care of the bill.
Tôi sẽ thanh toán tất cả.
또이 쎄 타잉 또안 떳 까

✈ 제 몫은 얼마인가요?
How much is my share?
Phần của tôi là bao nhiêu?
펀 꾸어 또이 라 바오 니에우

✈ 팁은 포함되어 있습니까?

Is the tip included?

Có bao gồm tiền boa không?

꼬 바오 곰 띠엔 보아 콩

✈ 제가 내겠습니다.

It's on me.

Tôi sẽ thanh toán.

또이 쎄 타잉 또안

✈ 신용카드도 받나요?

Do you accept credit cards?

Có thể thanh toán bằng thẻ tín dụng được không?

꼬 테 타잉 또안 방 테 띤 중 드억 콩

✈ 현금으로 낼게요.

I'd like to pay in cash.

Tôi sẽ thanh toán bằng tiền mặt.

또이 쎄 타잉 또안 방 띠엔 맛

계산할 때

✈ 계산해 주세요.

Check, please.

Làm ơn tính tiền.

람 언 띤 띠엔

✈ 전부 해서 얼마입니까?

How much is it altogether?

Tất cả là bao nhiêu?

떳 까 라 바오 니에우

✈ 이 요금은 무엇입니까?
What's this charge for?
Phí này là gì?
피 나이 라 지

✈ 계산서를 나눠 주시겠어요?
Could we have separate checks?
Anh(Chị) có thể chia hóa đơn cho chúng tôi không?
아잉(찌) 꼬 테 찌아 화 던 쪼 쭝 또이 콩

✈ 계산이 틀린 것 같습니다.
I'm afraid the check is wrong.
Hình như thanh toán nhầm.
힌 느 타잉 또안 념

✈ 봉사료는 포함되어 있습니까?
Is it including the service charge?
Có bao gồm phí phục vụ không?
꼬 바오 곰 피 푹 부 콩

✈ 영수증을 주세요.
May I have the receipt, please?
Cho tôi hóa đơn.
쪼 또이 화 던

✈ 거스름돈이 틀린 것 같은데요.
I think you gave me the wrong change.
Anh(Chị) cho tôi tiền thối bị nhầm rồi.
아잉(찌) 쪼 또이 띠엔 토이 비 념 조이

육류 / 어패류		
쇠고기	thịt bò	팃 보
닭고기	thịt gà	팃 가
오리고기	thịt vịt	팃 빗
양고기	thịt cứu	팃 끄우
돼지고기	thịt lợn	팃 런
송아지고기	thịt bê	팃 베
베이컨	thịt muối	팃 무오이
햄	thịt dăm bông	팃 잠 봉
등심	thịt than	팃 턴
티본	thịt bò bíp–tết hình chữ T	팃 버 빕 뗏 힌 쯔 떼
스테이크	thịt bò bíp–tết	팃 버 빕 떼
생선	cá	까
게	cua	꾸어
전복	bào ngư	바오 응으
바닷가재	tôm biển	똠 비엔
굴	hào	하오
참새우	tôm	똠
연어	cá hồi	까 호이
참치	cá ngừ	까 응으
조개	nghêu	응에우

야채		
아스파라거스	măng tây	망 떠이
양배추	bắp cải	밥 까이
샐러리	rau cần tây	자우 껀 떠이
양상추	rau xá lách	자우 싸 라익
양파	hành tây	하잉 떠이
시금치	rau bina	자우 비나
가지	cây cà tím	꺼이 까 띰
오이	dưa chuột	즈어 쭈옷
파슬리	rau mùi tây	자우 무이 떠이
버섯	nấm	넘

PART 5

교 통

베트남의 교통

택시

베트남의 대표적인 교통수단은 택시이다. 지하철이 없고, 버스가 있다 해도 현지어 안내가 대부분이라 관광객들이 이용하기는 쉽지 않기 때문이다. 베트남의 택시는 차의 크기와 회사에 따라 요금이 조금씩 다르다. 소형차나 중형차일수록 요금이 저렴하고, 대형차나 SUV는 다소 요금이 비싸다. 베트남의 택시 회사 중에 가장 유명한 회사는 마일린(Mailinh, 초록색 택시)과 비나선(Vinasun, 흰색 택시)이다. 스펠링은 비슷하지만 다른 회사인 가짜택시가 있을 수도 있으니 잘 확인해서 타는 것이 좋다. 어느 나라든지 택시 요금에 대한 불신이 있는 경우가 많다. 베트남도 예외는 아니다. 베트남의 정식 택시는 택시의 겉에 가격표가 붙여져 있기 때문에 달리는 택시는 확인하기 힘들어도 택시가 멈추고 나면 가격표가 붙어 있는지 잘 확인하자.

출처: 위키백과

그랩

그랩은 우버처럼 미리 출발지와 도착지, 택시 종류를 입력하여 지정된 택시를 탈 수 있는 앱이다. 베트남에서는 우버보다 그랩의 인기가 훨씬 높아서 그랩이 우버를 인수하였다고 한다. 출발지와 도착지를 입력하면 요금이 미리 뜨고, 차가 막혀도 요금이 고정되며 현지어를 몰라도 택시를 이용할 수 있다는 점에서 바가지요금을 걱정하는 많은 관광객들이 그랩을 이용한다. 그랩에서는 오토바이 택시, 소형 택시, 대형 택시 모두 이용 가능하다.

오토바이

베트남은 가히 오토바이의 천국이라 해도 과언이 아니다. 베트남 인구수보다 오토바이 수가 더 많다고 하니 베트남 사람들에게 오토바이가 얼마나 친숙한 존재인지 넉넉히 알 수 있다. 관광객들은 오토바이를 직접 렌트할 수도 있고, 오토바이 택시를 탈 수도 있다. 오토바이를 렌트하려면 50cc 스쿠터 외에는 반드시 2종 소형 국제면허가 필요하다. 길에서 바로 이용할 수 있는 오토바이 택시를 쎄옴이라고 부른다. 쎄옴은 미터기가 따로 달려 있지 않기 때문에 탑승 전에 기사와 이야기하여 요

금을 정해 놓고 타는 경우가 많다. 하지만 현지 기사들이 영어에 익숙하지 않은 경우가 많기 때문에 베트남어에 익숙하지 않다면 바로 쎄옴을 이용하는 것이 불편할 수 있다. 하지만 오토바이 택시 역시 일반 택시처럼 그랩 등의 앱을 이용하여 탑승할 수 있기 때문에 너무 걱정할 필요 없이 본인의 상황에 맞게 잘 선택하면 된다.

시내버스

가장 저렴하고 일반적인 교통수단이다. 기본요금이 한화로 몇 백 원 정도고, 기본요금에서 더 먼 거리를 가서 추가요금을 낸다고 해도 크게 비싸지 않다. 버스 대기시간을 알려주는 앱도 따로 있으니 더욱 이용하기 편리하다. 구글맵에서 출발지와 도착지를 입력하면 어떤 정류장에서 몇 번 버스를 타야 하는지 친절하게 나온다. 버스 안에 안내원이 탑승해 있으며 안내원에게 요금을 지불하면 표를 받을 수 있다. 안내원에게 도착지를 알려주면 해당 정류장에서 내리라고 안내해 주기도 한다.

슬리핑 버스

출처: 위키백과

도시와 도시를 이동할 때 탈 수 있는 버스로, 버스 안에서 누울 수 있도록 좌석이 편하게 되어 있다. 일반적으로 3열로 되어 있다. 침대칸이 1층으로 되어 있는 것이 있고 2층으로 되어 있는 것이 있고, 버스 안에 화장실이 있는 것이 있고 없는 것이 있는 등 버스마다 또 버스 회사마다 여러 가지 슬리핑 버스를 경험할 수 있다. 일반 시외버스도 있으며 일정표에는 Seat/Sleeping으로 구별된다.

기차

베트남은 나라가 남북으로 길게 되어 있고, 기차 노선도 단순하다. 장거리 이동에 편리하게 사용되는 교통수단이 바로 기차이다. 한 기차에 좌석과 침대칸이 모두 있어 골라서 예매할 수 있다. 좌석과 침대 모두 하드/소프트가 선택 가능하며, 침대칸은 2인실, 4인실, 6인실로 나눠져 있다. 좌석에 따라 가격이 차이가 난다. 표는 베트남 철도청 공식 홈페이지에서 예매 가능하다.

UNIT 01

길을 물을 때

길을 물을 때는 가능하면 경찰이나 관광안내소에서 물읍시다. 급하게 가는 사람보다는 천천히 걷는 사람에게 묻는 것이 좋지만, 지나치게 친절한 사람에게는 주의합시다. 말을 걸 때는 Xin lỗi, 알았으면 Cảm ơn이라고 말하는 것을 잊지 맙시다.

이 지도에서 ______ 은(는) 어디입니까?

Where is ______ on this map?

Trên bản đồ này ______ ở đâu?

쩬 반 도 나이 ______ 어 더우

□ 여기	this place	địa điểm này	디아 디엠 나이
□ 은행	the bank	ngân hàng	응언 항
□ 백화점	the department store	trung tâm thương mại	쭝 떰 트엉 마이
□ 미술관	the art museum	bảo tàng nghệ thuật	바오 땅 녜 투엇

Q : 차이나타운으로 가는 길을 가르쳐 주시겠어요?

Please tell me how to get to Chinatown.

Anh(Chị) có thể chỉ tôi đường đến khu phố người Hoa không?

아잉(찌) 꼬 테 찌 또이 드엉 덴 쿠 포 응어이 화 콩

A : 저기입니다.

It's over there.

Đằng kia.

당 끼아

길을 물을 때

✈ 저, 실례합니다!

Excuse me!

Xin lỗi!

신 로이

✈ (지도를 가리키며) 여기는 어디에 있습니까?

Where are we now?

Nơi này trên bản đồ là ở đâu vậy?

너이 나이 쩬 반 도 라 어 더우 버이

✈ 실례합니다. 잠깐 여쭙겠습니다.

Excuse me. I have a question.

Xin lỗi, cho tôi hỏi một chút được không?

신 로이 쪼 또이 호이 못 쫏 드억 콩

✈ 백화점은 어디에 있습니까?

Where's the department store?

Trung tâm thương mại ở đâu?

쭝 떰 트엉 마이 어 더우

✈ 여기는 무슨 거리입니까?

What street is this?

Đây là đường nào vậy?

더이 라 드엉 나오 버이

✈ 곧장 가십시오.

Go straight.

Hãy đi thẳng.

하이 디 탕

✈ 저기서 오른쪽으로 도세요.
Turn right there.
Ở đó hãy rẽ phải.
어 도 하이 제 파이

✈ 걸어서 몇 분 걸립니까?
How many minutes by walking?
Đi bộ mất khoảng mấy phút?
디 보 멋 쾅 머이 풋

✈ 박물관에는 어떻게 가면 됩니까?
How can I get to the museum?
Đến viện bảo tàng như thế nào?
덴 비엔 바오 땅 느 테 나오

✈ 역으로 가는 길을 가르쳐 주십시오.
Please tell me the way to the station.
Làm ơn chỉ cho tôi đường đến ga.
람 언 찌 쪼 또이 드엉 덴 가

✈ 여기에서 가깝습니까?
Is it near here?
Gần đây không?
건 더이 콩

✈ 거기까지 걸어서 갈 수 있습니까?
Can I walk there?
Tôi có thể đi bộ đến đó không?
또이 꼬 테 디 보 덴 도 콩

✈ 거기까지 버스로 갈 수 있습니까?
Can I get there by bus?
Có thể đi đến đó bằng xe buýt không?
꼬 테 디 덴 도 방 쎄 뷧 콩

✈ 거기에 가려면 택시밖에 없나요?

Is a taxi the only way to get there?

Tôi có phải bắt xe taxi để đến đó không?

또이 꼬 파이 밧 쎄 딱씨 데 덴 도 콩

✈ 차이나타운은 멉니까?

Is Chinatown far?

Khu phố người Hoa có xa không?

쿠 포 응어이 화 꼬 싸 콩

✈ 거기까지 어느 정도 시간이 걸립니까?

How long does it take?

Mất bao nhiêu thời gian đến đó?

멋 바오 니에우 터이 잔 덴 도

✈ 이 주위에 지하철역이 있습니까?

Is there a subway station around here?

Ở xung quanh đây có ga tàu điện ngầm không?

어 쑹 꽌 더이 꼬 가 따우 디엔 응엄 콩

✈ 지도에 표시해 주시겠습니까?

Would you mark it, please?

Anh(Chị) có thể đánh dấu trên bản đồ được không?

아잉(찌) 꼬 테 다잉 져우 쩬 반 도 드억 콩

길을 잃었을 때

✈ 실례합니다! 여기는 무슨 거리입니까?

Excuse me! What's this street?

Xin lỗi! Đây là đường nào ạ?

신 로이 더이 라 드엉 나오 아

✈ 길을 잃었습니다.

I got lost on my way.

Tôi bị lạc đường.

또이 비 락 드엉

✈ 어디에 갑니까?

Where are you going?

Anh(Chị) đi đâu?

아잉(찌) 디 더우

✈ 서호로 가는 길입니다.

We're going to West Lake.

Chúng tôi đi đến hồ Tây.

쭝 또이 디 덴 호 떠이

✈ 이 길이 아닙니까?

Am I on the wrong street?

Tôi đã ở nhầm đường phải không?

또이 다 어 념 드엉 파이 콩

✈ 친절을 베풀어 주셔서 감사합니다.

It's very kind of you. Thank you.

Cảm ơn vì đã có lòng tốt giúp đỡ tôi.

깜 언 비 다 꼬 롱 똣 쥽 더 또이

길을 물어올 때

✈ 미안합니다. 잘 모르겠습니다.
I'm sorry. I don't know.
Xin lỗi. Tôi không biết rõ lắm.
신 로이 또이 콩 비엣 조 람

✈ 저는 여행자입니다.
I'm a tourist.
Tôi là khách du lịch.
또이 라 칵 유 릭

✈ 저도 잘 모릅니다.
I'm not sure myself.
Tôi cũng không biết.
또이 꿍 콩 비엣

✈ 다른 사람에게 물어보십시오.
Please ask someone else.
Hãy hỏi người khác.
하이 호이 응어이 칵

✈ 저 사람에게 물어보십시오.
Ask the man over there.
Hãy hỏi người đó.
하이 호이 응어이 도

✈ 지도를 가지고 있습니까?
Do you have a map?
Anh(Chị) có bản đồ không?
아잉(찌) 꼬 반 도 콩

UNIT 02

택시를 이용할 때

급하거나 길을 잘 모를 때는 택시를 이용하는 게 편리합니다. 말이 통하지 않을 때는 가고 싶은 곳의 주소를 적어서 택시기사에게 주면 됩니다. 베트남에서는 그랩이라는 앱을 통해서 미리 차 종류와 목적지를 선택하면 추가요금 없이 편리하게 택시를 이용할 수 있습니다.

__________(으)로 가 주세요.

__________, please.

Đưa cho tôi đến __________.

드어 쪼 또이 넨

□ 이 주소	This address	địa chỉ này	디아 찌 나이
□ 이곳	This place	nơi này	너이 나이
□ 번화가	Downtown	trung tâm thành phố	쭝 떰 타잉 포
□ 로얄 시티	Royal City	Royal city	로얄 시띠

Q : 어디까지 모셔다 드릴까요?

Where to?

Tôi đưa anh(chị) đến đâu?

또이 드어 아잉(찌) 덴 더우

A : 번화가로 가 주세요.

Downtown, please.

Đưa tôi đến trung tâm thành phố.

드어 또이 덴 쭝 떰 타잉 포

택시를 잡을 때

✈ 택시승강장은 어디에 있습니까?
Where's the taxi stand?
Điểm đón xe taxi ở đâu?
디엠 던 쎄 딱 씨 어 더우

✈ 어디서 택시를 탈 수 있습니까?
Where can I get a taxi?
Tôi có thể bắt xe taxi ở đâu?
또이 꼬 테 밧 쎄 딱 씨 어 더우

✈ 어디서 기다리고 있으면 됩니까?
Where should we wait?
Tôi phải đợi ở đâu?
또이 파이 더이 어 더우

✈ 택시!
Taxi!
Tắc xi!
딱 씨

택시를 탈 때

✈ 우리들 모두 탈 수 있습니까?
Can we all get in the car?
Tất cả mọi người có thể lên xe được không?
떳 까 모이 응어이 꼬 테 렌 쎄 드억 콩

✈ 트렁크를 열어 주시겠어요?

Would you open the trunk?

Mở cốp xe được không?

머 꼽 쎄 드억 콩

✈ (주소를 보이며) 이 주소로 가 주세요.

Take me to this address, please.

Đưa tôi đến địa chỉ này.

드어 또이 덴 디아 찌 나이

✈ 사이공스퀘어로 가 주세요.

To Saigon square, please.

Đưa tôi đến Saigon Square.

드어 또이 덴 사이공 스퀘어

✈ 서둘러 주시겠어요?

Could you please hurry?

Anh(Chị) làm ơn nhanh lên được không?

아잉(찌) 람 언 냐잉 렌 드억 콩

✈ 9시까지 도착할 수 있을까요?

Can I get there by nine?

Có thể đến trước 9 giờ được không?

꼬 테 덴 쯔억 찐 저 드억 콩

✈ 가장 가까운 길로 가 주세요.

Take the shortest way, please.

Hãy đi đường ngắn nhất.

하이 디 드엉 응안 녓

✈ 좀 더 천천히 가 주세요.

Could you drive more slowly?

Anh(Chị) làm ơn lái xe từ từ.

아잉(찌) 람 언 라이 세 뜨 뜨

택시에서 내릴 때

✈ 여기서 세워 주세요.

Stop here, please.

Làm ơn dừng ở đây ạ.

람 언 증 어 더이 아

✈ 다음 신호에서 세워 주세요.

Please stop at the next light.

Dừng ở đèn tín hiệu giao thông sau.

증 어 덴 띤 히에우 쟈오 통 싸우

✈ 좀 더 앞까지 가주세요.

Could you pull up a little further?

Làm ơn đi về phía trước một chút nữa.

람 언 디 베 피아 쯔억 못 쭛 느어

✈ 여기서 기다려 주시겠어요?

Would you wait for me here?

Anh(Chị) làm ơn đợi tôi ở đây được không?

아잉(찌) 람 언 더이 또이 어 더이 드억 콩

✈ 얼마입니까?

How much is it?

Bao nhiêu ạ?

바오 니에우 아

✈ 거스름돈은 됐습니다.

Keep the change.

Anh(Chị) hãy giữ lại tiền thối đi.

아잉(찌) 하이 지으 라이 띤 토이 디

UNIT **03**

버스를 이용할 때

시내를 자유롭게 이동하려면 시내버스가 싸고 편리합니다. 버스 대기시간을 알려주는 앱을 깔면 시간을 맞추기가 더욱 쉬워 이용이 편리합니다. 버스를 타면 버스 안에 안내원이 있어 안내원에게 요금을 지불하고 표를 받을 수 있습니다.

이 버스는 ________________ 에 갑니까?
Does this bus go to ________________ ?
Xe buýt này có đi đến ________________ không?
쎄 뷧 나이 꼬 디 덴 ________________ 콩

□	공원	the park	công viên	꽁 비엔
□	해변	the beach	bờ biển	버 비엔
□	하노이역	Hanoi Station	ga Hà Nội	가 하 노이
□	공항	the airport	sân bay	선 바이

Q : 버스승강장은 어디에 있습니까?
Where's the bus stop?
Trạm xe buýt ở đâu?
짬 세 뷧 어 더우

A : 어디에 가십니까?
Where're you going?
Anh(Chị) đi đâu?
아잉(찌) 디 더우

시내버스

어디서 버스 노선도를 얻을 수 있습니까?

Where can I get a bus route map?

Tôi có bản đồ lộ trình xe buýt ở đâu?

또이 꼬 반 도 로 찐 쎄 뷧 어 더우

표는 어디서 살 수 있습니까?

Where can I get a ticket?

Tôi có thể mua vé ở đâu?

또이 꼬 테 무어 베 어 더우

어느 버스를 타면 됩니까?

Which bus do I get on?

Tôi phải lên xe buýt nào?

또이 파이 렌 쎄 뷧 나오

(버스를 가리키며) 미술관행입니까?

To the art museum?

Xe buýt này có đi đến bảo tàng nghệ thuật không?

쎄 뷧 나이 꼬 디 덴 바오 땅 녜 투엇 콩

갈아타야 합니까?

Do I have to transfer?

Tôi phải đổi chuyến xe buýt phải không?

또이 파이 도이 쭈옌 쎄 뷧 파이 콩

여기서 내려요.

I'll get off here.

Tôi xuống ở đây.

또이 쑤엉 어 더이

버스 터미널은 어디에 있습니까?
Where is the depot?
Bến xe buýt ở đâu?
벤 쎄 뷧 어 더우

매표소는 어디에 있습니까?
Where is the ticket office?
Quầy vé ở đâu vậy ạ?
꿔이 베 어 더우 버이 아

다낭까지 두 장 주세요.
Two for Da Nang, please.
Cho tôi 2 vé đến Đà Nẵng.
쪼 또이 하이 베 덴 다 낭

돌아오는 버스는 어디서 탑니까?
Where is the bus stop for going back?
Tôi phải bắt xe buýt quay trở lại ở đâu?
또이 파이 밧 쎄 뷧 꽈이 쩌 라이 어 더우

거기에 가는 직행버스는 있나요?
Is there any bus that goes there directly?
Có xe buýt chạy thẳng đi đến ở đó không?
꼬 쎄 뷧 짜이 탕 디 덴 어 도 콩

도착하면 알려 주세요.
Tell me when we arrive there.
Khi nào đến nơi thì báo tôi biết nhé.
키 나오 덴 너이 티 바오 또이 비엣 녜

관광버스

✈ 호이안을 방문하는 투어는 있습니까?
Do you have a tour to Hoi An?
Có chuyến du lịch đến Hội An không?
꼬 쭈옌 쥬 릭 덴 호이 안 콩

✈ 여기서 예약할 수 있나요?
Can I make a reservation here?
Tôi có thể đặt ở đây được không?
또이 꼬 테 닷 어 더이 드억 콩

✈ 버스는 어디서 기다립니까?
Where do we wait for the bus?
Tôi phải đợi xe buýt ở đâu?
또이 파이 더이 쎄 뷧 어 더우

✈ 몇 시에 돌아옵니까?
What time are we returning?
Mấy giờ chúng tôi quay về?
머이 져 쭝 또이 꽈이 베

✈ 투어는 몇 시에 어디서 시작됩니까?
When time where does the tour begin?
Chuyến du lịch sẽ bắt đầu lúc mấy giờ và ở đâu?
쭈옌 쥬 릭 쎄 밧 더우 룩 머이 져 바 어 더우

✈ 호텔까지 데리러 와 줍니까?
Will you pick us up at the hotel?
Anh(Chị) sẽ đến đón chúng tôi ở khách sạn chứ?
아잉(찌) 쎄 덴 던 쭝 또이 어 칵 산 쯔

UNIT 04

지하철을 이용할 때

지하철은 베트남어로 tàu điện ngầm이라고 합니다. 2019년 초를 기준으로 아직 베트남에는 지하철이 개통되어 있지 않습니다. 지하철 공사가 진행 중이며 곧 완성될 것이라고 합니다. 당장은 쓸 일이 없지만 몇 년 내로 지하철이 개통된 후에 베트남으로 여행을 갔을 때 쓸 수도 있는 기본적인 대화들을 미리 익혀봅시다.

_________ (으)로 가는 것은 무슨 선입니까?

Which line to _________ ?

Đi đến _________ là tuyến nào?

디 덴 _________ 라 뚜옌 나오

- □ ○○공원 ○○Park ○○công viên ○○꽁 비엔
- □ ○○호텔 ○○Hotel ○○khách sạn ○○칵 산
- □ ○○백화점 ○○department store ○○trung tâm thương mại ○○쭝 떰 트엉 마이
- □ ○○동물원 ○○zoo ○○vườn bách thú ○○브언 바익 투

Q : 이 전철은 호안끼엠에 섭니까?

Will this train stop at Hoan Kiem Lake?

Tàu điện ngầm này có dừng ở hồ Hoàn Kiếm không?

따우 디엔 응엄 나이 꼬 증 어 호 호안 끼엠 콩

A : 네. 기본요금은 10,000동입니다.

Yes. The minimum fare is 10,000 dong.

Vâng, phí cơ bản là 10,000 đồng.

벙 피 꺼 반 라 므어이 응인 동

지하철역에서

✈ 지하철 노선도를 주시겠습니까?
May I have a subway map?
Có thể cho tôi bản đồ tàu điện ngầm được không?
꼬 테 쪼 또이 반 도 따우 디엠 응엄 드억 콩

✈ 이 근처에 지하철역이 있습니까?
Is a subway station near here?
Ở gần đây có ga tàu điện ngầm không?
어 건 더이 꼬 가 따우 디엠 응엄 콩

✈ 표는 어디서 삽니까?
Where can I buy a ticket?
Tôi có thể mua vé ở đâu?
또이 꼬 테 무어 베 어 더우

✈ 자동매표기는 어디에 있습니까?
Where is the ticket machine?
Máy bán vé tự động ở đâu?
마이 반 베 뜨 동 어 더우

✈ 하이퐁으로 가려면 어느 선을 타면 됩니까?
Which line should I take to go to Hai Phong?
Đến thành phố Hải Phòng thì tôi phải lên tuyến nào?
덴 타잉 포 하이 퐁 티 또이 파이 렌 뚜옌 나오

✈ 호안끼엠으로 가려면 어디로 나가면 됩니까?
Which exit should I take for Hoan Kiem Lake?
Nếu muốn đi đến hồ Hoàn Kiếm thì tôi đi đâu?
네우 무온 디 덴 호 호안 끼엠 티 또이 디 더우

✈ A-2 출구로 나가세요.

Take the A-2(two) exit.

Hãy đi ra cửa A-2.

하이 디 자 끄어 아 하이

지하철을 탔을 때

✈ 어디서 갈아탑니까?

Where should I change trains?

Tôi đổi tàu điện ngầm khác ở đâu ạ?

또이 도이 따우 디엔 응엄 칵 어 더우 아

✈ 이건 벤탄 역에 갑니까?

Is this for Ben Thanh station?

Cái này có đi đến ga Bến Thành không?

까이 나이 꼬 디 덴 가 벤 탄 콩

✈ 항싸잉 역은 몇 번째입니까?

How many stops are there to Hang Xanh station?

Đến ga Hàng Xanh thì còn mấy ga nữa?

덴 가 항 싸잉 티 꼰 머이 가 느어

✈ 다음은 어디입니까?

What's the next station?

Ga sau là ga nào?

가 사우 라 가 나오

✈ 이 지하철은 바 찌에우 역에 섭니까?

Does this train stop at Ba Trieu station?

Tàu điện ngầm này có dừng ở ga Bà Triệu không?

따우 디엔 응엄 나이 꼬 증 어 가 바 찌에우 콩

이 노선의 종점은 어디입니까?
Where's the end of this line?
Điểm cuối của tuyến này là ở đâu?
디엠 끄오이 꾸어 뚜옌 나이 라 어 더우

지금 어디 근처입니까?
Where are we now?
Bây giờ đang ở gần chỗ nào?
버이 져 당 어 건 쪼 나오

다음은 떤선녓 공항입니까?
Is the next stop Tan Son Nhat Airport?
Ga sau là ga Tân Sơn Nhất phải không?
가 사우 라 가 떤 선 녓 파이 콩

표를 잃어버렸습니다.
I lost my ticket.
Tôi đã bị mất vé.
또 다 비 멋 베

지하철에 가방을 두고 내렸습니다.
I left my bag in a subway.
Tôi đã để quên túi xách ở tàu điện ngầm.
또이 다 데 꿴 뚜이 싸익 어 따우 디엔 응엄

하노이에서 탔습니다.
I took a train from Hanoi.
Tôi lên tàu ở Hà Nội.
또이 렌 따우 어 하 노이

UNIT 05

열차를 이용할 때

열차는 주로 장거리 이동에 이용되는 교통수단입니다. 베트남은 남북으로 긴 나라이다 보니 기차 노선도 단순합니다. 한 열차 안에 좌석칸과 침대칸이 모두 있고 좌석도 딱딱한 좌석과 부드러운 좌석으로 나뉘져 있어 어느 칸과 좌석을 선택하는지에 따라 가격이 달라집니다.

______ ○○–○○ 표 두 장 주세요.
Two ______ tickets from ○○ to ○○, please.
Cho tôi hai vé ______ từ ○○ đến ○○.
쪼 또이 하이 베 ______ 뜨 ○○ 덴 ○○

□ 편도	one-way	một chiều	못 찌에우
□ 왕복	round-trip	khứ hồi	크 호이
□ 1등석	first class	ghế hạng nhất	게 항 녓
□ 특등석	green class	ghế đặc biệt	게 닥 비엣

Q : 시간표를 보여 주시겠어요?
May I see a timetable?
Có thể cho tôi xem thời gian biểu không?
꼬 테 쪼 또이 쎔 터이 쟌 비에우 콩

A : 저기에 게시되어 있습니다.
Here's one posted over there.
Thời gian biểu được đăng lên kia.
터이 쟌 비에우 드억 당 렌 키아

표를 구입할 때

✈ 매표소는 어디입니까?

Where's the ticket window?

Quầy vé ở đâu?

꿔이 베 어 더우

✈ 호치민까지 편도 주세요.

A single to Ho Chi Minh, please.

Cho tôi một vé một chiều đến TP.HCM.

쪼 또이 못 베 못 찌에우 덴 타잉 포 호찌밍

✈ 9시 급행 표를 주세요.

Tickets on express at nine, please.

Cho tôi vé tốc hành lúc 9 giờ.

쪼 또이 베 똑 하잉 룩 찐 져

✈ 예약 창구는 어디입니까?

Which window can I reserve a seat at?

Tôi đặt vé ở đâu?

또이 닷 베 어 더우

✈ 1등석을 주세요.

First class, please.

Cho tôi ghế hạng nhất.

쪼 또이 게 항 녓

✈ 더 이른[늦은] 열차는 있습니까?

Do you have an earlier[a later] train?

Có chuyến khác đi sớm[trễ] hơn không?

꼬 쭈옌 칵 디 썸[쩨] 헌 콩

✈ 급행열차입니까?

Is it an express train?

Đây là tàu tốc hành phải không?

더이 라 따우 똑 하잉 파이 콩

✈ 어디서 갈아탑니까?

Where should we change trains?

Chúng tôi đổi chuyến tàu ở đâu?

쭝 또이 도이 쭈옌 따우 어 더우

열차를 탈 때

✈ 3번 홈은 어디입니까?

Where is platform No. 3?

Sân ga số 3 ở đâu?

썬 가 쏘 바 어 더우

✈ 사파행 열차는 어디입니까?

Where's the train for Sapa?

Xe lửa đi đến Sapa ở đâu?

쎄 르어 디 덴 사파 어 더우

✈ 이건 하노이행입니까?

Is this for Hanoi?

Xe lửa này có đi đến Hà Nội không?

쎄 르아 나이 꼬 디 덴 하 노이 콩

✈ (표를 보여주며) 이 열차 맞습니까?

Is this my train?

Xe lửa này đúng phải không?

쎄 르어 나이 둥 파이 콩

이 열차는 예정대로 출발합니까?
Is this train on schedule?
Xe lửa này có khởi hành theo lịch trình không?
쎄 르어 나이 꼬 커이 하잉 테오 릭 찐 콩

도중에 하차할 수 있습니까?
Can I have a stopover?
Tôi có thể xuống giữa chừng không?
또이 꼬 테 쑤옹 지으어 쯩 콩

열차를 놓쳤습니다.
I missed my train.
Tôi bị lỡ chuyến xe lửa.
또이 비 러 쭈옌 쎄 르어

열차 안에서

거기는 제 자리입니다.
That's my seat.
Ghế đó là ghế của tôi.
게 도 라 게 꾸어 또이

이 자리는 비어 있나요?
Is this seat taken?
Chỗ này có trống không?
쪼 나이 꼬 쫑 콩

창문을 열어도 되겠습니까?
May I open the window?
Tôi mở cửa sổ có được không?
또이 머 끄어 소 꼬 드억 콩

✈ 식당차는 어디에 있습니까?

Where's the dining car?

Toa hàng ăn ở đâu?

또아 항 안 어 더우

✈ (여객전무) 도와드릴까요?

May I help you?

Tôi có thể giúp gì cho anh(chị) ạ?

또이 꼬 테 즙 지 쪼 아잉(찌) 아

✈ 다낭까지 몇 시간 걸립니까?

How many hours to Da Nang?

Đến Đà Nẵng mất bao nhiêu thời gian?

덴 다 낭 멋 바오 니에우 터이 쟌

✈ 표를 보여 주십시오.

May I see your ticket?

Vui lòng cho tôi xem vé.

부이 롱 쪼 또이 셈 베

✈ 네, 여기 있습니다.

Here it is.

Vâng, đây ạ.

벙 더이 아

✈ 잠시 기다려 주십시오.

Just a minute, please.

Xin vul lòng đợi một chút.

신 부이 롱 더이 못 쭛

✈ 여기는 무슨 역입니까?

What station is this?

Ở đây là ga nào vậy?

어 더이 라 가 나오 버이

✈ 다음 역은 무슨 역입니까?
What's the next station?
Ga sau là ga nào ạ?
가 사우 라 가 나오 아

문제가 생겼을 때

✈ 표를 잃어버렸습니다.
I lost my ticket.
Tôi đã làm mất vé.
또이 다 람 멋 베

✈ 어디에서 탔습니까?
Where did you get on?
Điểm khởi hành của quý khách ở đâu?
디엠 커이 하잉 꾸어 뀌 칵 어 더우

✈ 내릴 역을 지나쳤습니다.
I missed my station.
Tôi đã đi quá ga xuống.
또이 다 디 꽈 가 쑤옹

✈ 이 표는 아직 유효합니까?
Is this ticket still valid?
Vé này có còn hiệu lực không?
베 나이 꼬 꼰 히에우 륵 꽁

UNIT **06**

비행기를 이용할 때

항공기를 설령 예약해 두었더라도 여행지 또는 환승지에 3일 이상 체류하는 경우에는 출발 72시간 전에 다음 목적지까지의 예약을 항공사에 재확인해야 합니다(tái xác nhận). 재확인을 하지 않으면 예약이 자동으로 취소되거나 예약이 되어 있지 않는 경우도 있습니다.

(비행기 좌석) ________________(으)로 부탁합니다.

________________, please.

Làm ơn cho tôi ________________.

람 언 쪼 또이

- □ 금연석 Non-smoking seat ghế cấm hút thuốc 게 껌 훗 투옥
- □ 흡연석 Smoking seat ghế hút thuốc 게 훗 투옥
- □ 창가자리 Window seat ghế cạnh cửa sổ 게 까잉 끄어 쏘
- □ 통로석 Aisle seat ghế cạnh lối đi 게 까잉 로이 디

Q : 여보세요. 베트남항공입니다.
Hello. This is Viet Nam Airlines.
Xin chào. Đây là hãng hàng không Việt Nam.
신 짜오 더이 라 항 항 콩 비엣 남

A : 예약을 재확인하고 싶은데요.
I'd like to reconfirm my flight.
Tôi muốn xác nhận đặt vé của mình.
또이 무온 싹 녀 닷 베 꾸어 밍

항공권 예약

✈ 비행기 예약을 부탁합니다.

I'd like to reserve a flight.

Tôi muốn đặt vé máy bay.

또이 무온 닷 베 마이 바이

✈ 내일 호치민행 비행기 있습니까?

Do you have a flight to Ho Chi Minh?

Ngày mai có chuyến máy bay đến TP.HCM không?

응아이 마이 꼬 쭈옌 마이 바이 덴 타잉 포 호찌밍 콩

✈ 일찍 가는 비행기로 부탁합니다.

I'd like an earlier flight.

Tôi muốn chuyến máy bay sớm hơn.

또이 무온 쭈옌 마이 바이 썸 헌

✈ 늦게 가는 비행기로 부탁합니다.

I'd like a later flight.

Tôi muốn chuyến máy bay muộn hơn.

또이 무온 쭈옌 마이 바이 무온 헌

✈ 성함과 편명을 말씀하십시오.

What's your name and flight number?

Anh(Chị) Hãy nói tên và số hiệu chuyến bay.

아잉(찌) 하이 노이 뗀 바 소 히에우 쭈옌 바이

✈ 출발 시간을 확인하고 싶은데요.

I'd like to make sure of the time it leaves.

Tôi muốn kiểm tra giờ lên máy bay.

또이 무온 낌 짜 져 렌 마이 바이

체크인과 탑승

✈ 베트남항공 카운터는 어디입니까?

Where's the Viet Nam Airlines counter?

Quầy hàng không Việt Nam ở đâu?

꿔이 항 콩 비엣 남 어 더우

✈ 지금 체크인할 수 있습니까?

Can I check in now?

Bây giờ, tôi có thể làm thủ tục Check-in được không?

버이 져 또이 꼬 테 람 투 뚝 체크 인 드억 콩

✈ 항공권은 가지고 계십니까?

Do you have a ticket?

Quý khách có vé máy bay không?

뀌 칵 꼬 베 마이 바이 콩

✈ 예, 여기 있습니다.

Here it is.

Vâng, đây ạ.

벙 더이 아

✈ 금연석 통로 쪽으로 부탁합니다.

An aisle seat in the non-smoking section, please.

Tôi muốn ghế lối đi và cấm hút thuốc.

또이 무온 게 로이 디 바 껌 훗 투옥

✈ 이 짐은 기내로 가지고 갑니다.

This is a carry-on bag.

Đây là hành lý xách tay.

더이 라 하잉 리 싸익 따이

✈ **요금은 어떻게 됩니까?**

What's the fare?

Phí hành lý bao nhiêu?

피 하잉 리 바오 니에우

✈ **몇 번 출구로 나가면 됩니까?**

Which gate should I go to?

Tôi phải ra cửa số mấy?

또이 파이 자 끄어 쏘 머이

✈ **이건 하이퐁행 출구입니까?**

Is this the gate to Hai phong?

Cửa này là cửa đi Hải phòng phải không?

끄어 나이 라 끄어 디 하이 퐁 파이 콩

✈ **비행은 예정대로 출발합니까?**

Is the flight on time?

Chuyến bay có khởi hành theo lịch trình không?

쭈옌 바이 꼬 커이 하잉 테오 릭 찐 콩

✈ **이 짐을 맡길게요.**

I'll check this baggage.

Tôi sẽ gửi hành lý này.

또이 쎄 그이 하잉 리 나이

✈ **탑승이 시작되었나요?**

Has boarding begun?

Đã bắt đầu lên máy bay chưa?

다 밧 더우 렌 마이 바이 쯔어

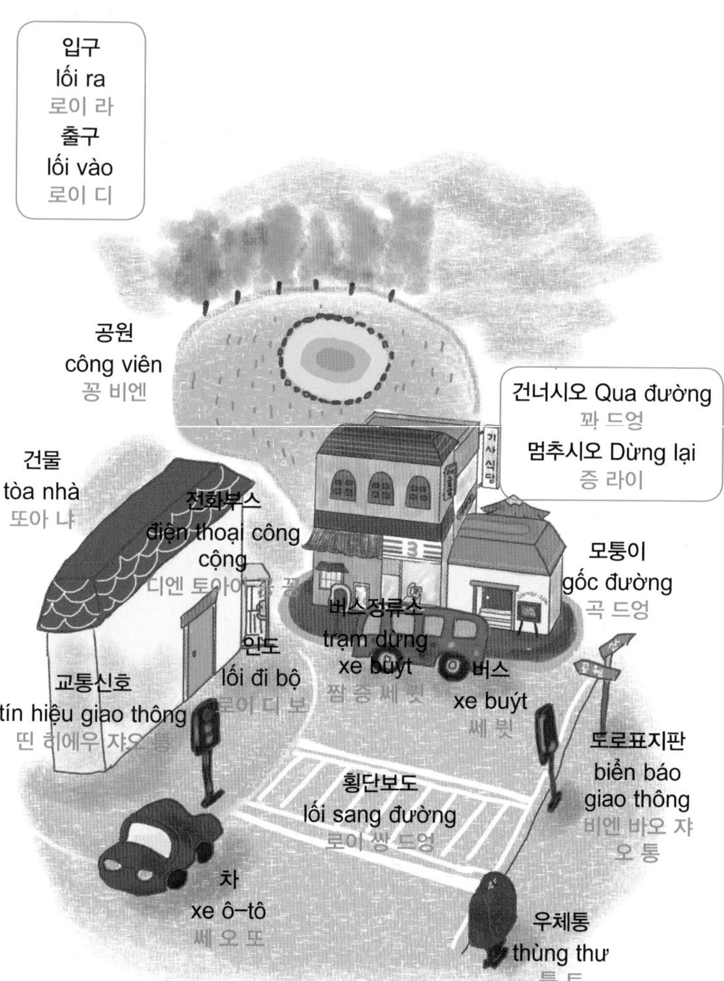

입구
lối ra
로이 라
출구
lối vào
로이 디
공원
công viên
꽁 비엔
건너시오 Qua đường
꽈 드엉
멈추시오 Dừng lại
증 라이
건물
tòa nhà
또아 냐
전화부스
điện thoại công cộng
디엔 토아이 꽁 꽁
모퉁이
gốc đường
곡 드엉
버스정류소
trạm dừng xe buýt
짬 증 쎄 빗
인도
lối đi bộ
로이 디 보
버스
xe buýt
쎄 빗
교통신호
tín hiệu giao thông
띤 히에우 쟈오 통
도로표지판
biển báo giao thông
비엔 바오 쟈오 통
횡단보도
lối sang đường
로이 쌍 드엉
차
xe ô–tô
쎄 오 또
우체통
thùng thư
퉁 트

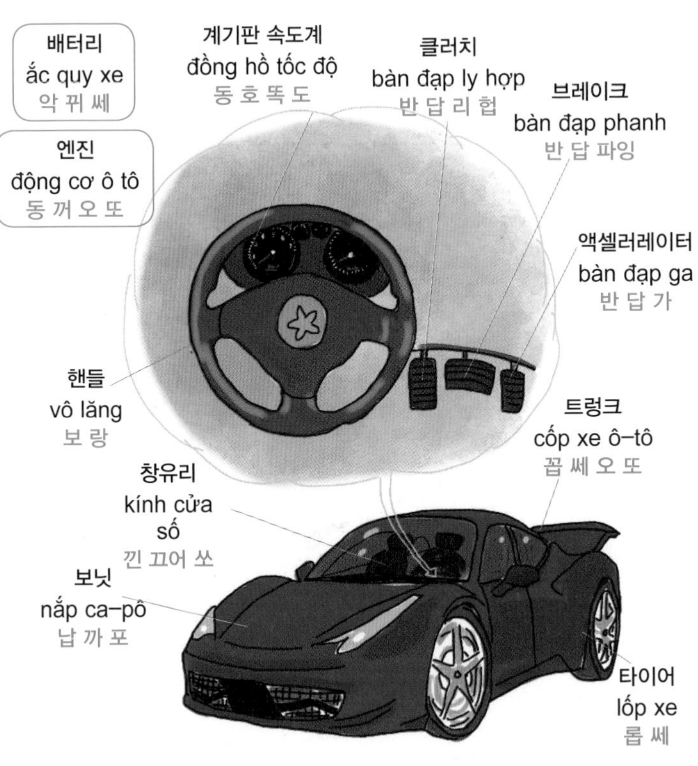

도로표지판			
양보	YIELD	NHƯỜNG QUYỀN ƯU TIÊN	느엉 꾸옌 으우 띠엔
일시정지	STOP	DỪNG LẠI	증 라이
우측통행	KEEP RIGHT	LƯU THÔNG BÊN PHẢI	르우 통 벤 파이
추월금지	DO NOT PASS	CẤM VƯỢT	껌 브엇
진입금지	DO NOT ENTER	CẤM VÀO	껌 바오
제한속도	SPEED LIMIT	TỐC ĐỘ GIỚI HẠN	똑 도 져이 한
일방통행	ONE WAY	ĐƯỜNG MỘT CHIỀU	드엉 못 찌에우
주차금지	NO PARKING	CẤM ĐỖ XE	껌 도 쎄

UNIT 07

렌터카를 이용할 때

렌터카를 빌릴 때는 여권과 국제면허증이 필요합니다. 만일을 대비하여 보험도 잊지 말고 꼭 들어 둡시다. 관광시즌에는 한국에서 출발하기 전에 미리 렌터카 회사에 예약해 두는 게 좋습니다. 신청할 때는 지불보증으로써 신용카드를 요구하는 경우가 많으므로 카드를 준비해 둡시다.

________ 차를 1주일간 빌리고 싶은데요.
________ car for a week, please.
Tôi muốn thuê ________ một tuần.
또이 무온 투에 못 뚜언

□ 소형	A compact	xe cỡ nhỏ	쎄 꺼 뇨
□ 중형	A mid-size	xe cỡ trung	쎄 꺼 쭝
□ 대형	A large	xe cỡ lớn	쎄 꺼 런
□ 오토매틱	An automatic	xe số tự động	쎄 쏘 뜨 동

Q : 차를 빌리고 싶은데요.
I'd like to rent a car.
Tôi muốn thuê xe ô-tô.
또이 무온 투에 쎄 오 또

A : 어떤 차가 좋겠습니까?
What kind of car do you want?
Anh(Chị) muốn xe loại nào?
아잉(찌) 무온 쎄 로아이 나오

렌터카를 이용할 때

(공항에서) 렌터카 카운터는 어디에 있습니까?
Where's the rent-a-car counter?
Công ty thuê xe ở đâu?
꽁 띠 투에 쎄 어 더우

예약을 한 사람인데요.
I have a reservation.
Tôi đã đặt trước rồi.
또이 다 닷 쯔억 조이

어느 정도 운전할 예정이십니까?
How long will you need it?
Anh(Chị) thuê xe mấy ngày?
아잉(찌) 투에 쎄 머이 응아이

1주간입니다.
For a week.
Một tuần.
못 뚜언

차를 3일간 빌리고 싶습니다.
I'd like to rent a car for three days.
Tôi muốn thuê xe 3 ngày.
또이 무온 투에 쎄 바 응아이

이것이 제 국제운전면허증입니다.
Here's my international driver's license.
Đây là giấy phép lái xe quốc tế của tôi.
더이 라 져이 펩 라이 쎄 꾸옥 떼 꾸어 또이

차종을 고를 때

어떤 차가 있습니까?
What kind of cars do you have?
Có loại xe nào?
꼬 로아이 쎄 나오

렌터카 목록을 보여 주시겠어요?
Can I see your rent-a-car list?
Cho tôi xem danh sách xe thuê được không?
쪼 또이 쌤 잔 싸익 쎄 투에 드억 콩

어떤 타입의 차가 좋으시겠습니까?
What type of car would you like?
Anh(Chị) muốn loại xe nào?
아잉(찌) 무온 로아이 쎄 나오

중형차를 빌리고 싶은데요.
I'd like a mid-size car.
Tôi muốn thuê xe cỡ trung.
또이 무온 투에 쎄 꺼 쭝

오토매틱밖에 운전하지 못합니다.
I can only drive an automatic.
Tôi chỉ lái xe số tự động được thôi.
또이 찌 라이 쎄 쏘 뜨 동 드억 토이

오토매틱 스포츠카를 부탁합니다.
I'd like an automatic sports car.
Tôi muốn xe thể thao số tự động.
또이 무온 쎄 테 타오 쏘 뜨 동

렌터카 요금과 보험

✈ 선불이 필요합니까?
Do I need a deposit?
Có cần tiền đặt cọc không?
꼬 껀 띠엔 닷 꼭 콩

✈ 보증금은 얼마입니까?
How much is the deposit?
Tiền đặt cọc bao nhiêu?
띠엔 닷 꼭 바오 니에우

✈ 1주간 요금은 얼마입니까?
What's the rate per week?
Chi phí thuê xe một tuần là bao nhiêu?
찌 피 투에 쎄 못 뚜언 라 바오 니에우

✈ 특별요금은 있습니까?
Do you have any special rates?
Có phí đặc biệt không?
꼬 피 닥 비엣 콩

✈ 그 요금에 보험은 포함되어 있습니까?
Does the price include insurance?
Chi phí có bao gồm bảo hiểm không?
찌 피 꼬 바오 곰 바오 히엠 콩

✈ 종합보험을 들어 주십시오.
With comprehensive insurance, please.
Tôi muốn đăng ký bảo hiểm tổng hợp.
또이 무온 당 끼 바오 히엠 똥 헙

UNIT 08

차를 운전할 때

베트남은 오토바이가 많고 신호등이 적어 운전하기에 쉬운 곳은 아닙니다. 운전에 익숙하지 않다면 운전보다는 다른 교통수단으로 이동하는 것이 좋고, 운전을 해야 하는 상황에서는 주의를 기울입시다.

차의 ______________ 이(가) 이상합니다.
The ______________ isn't working right.
______________ của xe có điều gì bất thường.
꾸어 쎄 꼬 디에우 지 벗 트엉

- □ 엔진 engine Động cơ 동 꺼
- □ 배터리 battery Ắc quy 악 뀌
- □ 액셀러레이터 accelerator Bàn đạp ga 반 답 가
- □ 브레이크 brakes Bàn đạp phanh 반 답 파잉

Q : (기름을) 가득 채워 주세요.
Fill it up, please.
Hãy đổ xăng đầy.
하이 도 쌍 더이

A : 잠시 기다리십시오.
I'll be right with you.
Vui lòng đợi một chút.
부이 롱 더이 못 쭛

차를 운전할 때

✈ 긴급 연락처를 알려 주시겠어요?

Where should I call in case of an emergency?

Hãy cho tôi biết số điện thoại có thể liên lạc nhanh chóng trong tình huống khẩn cấp.

하이 쪼 또이 비엣 쏘 디엔 토아이 꼬 테 리엔 락 냐잉 쫑 쫑 띤 흐엉 컨 껍

✈ 도로지도를 주시겠습니까?

Can I have a road map?

Có thể cho tôi bản đồ đường sá không?

꼬 테 쪼 또이 반 도 드엉 싸 콩

✈ 동허이는 어느 길로 가면 됩니까?

Which way to Dong Hoi?

Tôi muốn đến Đồng Hới thì đi đường nào?

또이 무온 덴 동 허이 티 디 드엉 나오

✈ 5호선으로 남쪽으로 가세요.

Take the 5 South.

Hãy đi về phía Nam theo đường số 5.

하이 디 베 피아 남 테오 드엉 쏘 남

✈ 곧장입니까, 아니면 왼쪽입니까?

Straight? Or to the left?

Đi thẳng hay rẽ trái?

디 탕 하이 제 짜이

✈ 다낭까지 몇 킬로미터입니까?

How many kilometers to Da Nang?

Đến Đà Nẵng thì mất bao nhiêu cây số?

덴 다 낭 티 멋 바오 니에우 꺼이 소

✈ 차로 판시판산까지 어느 정도 걸립니까?

How far is it to Phan Xi Pang Mountain by car?

Đi bằng xe ô-tô đến núi Phan Xi Păng mất khoảng bao lâu?

디 방 쎄 오 또 덴 누이 판 씨 팡 멋 쾅 바오 러우

✈ 가장 가까운 교차로는 어디입니까?

What's the nearest intersection?

Đường giao nhau gần nhất là ở đâu?

드엉 쟈오 녀우 건 녓 라 어 더우

주유 · 주차할 때

✈ 이 근처에 주유소가 있습니까?

Is there a gas station near by'?

Ở gần đây có trạm xăng không?

어 건 더이 꼬 짬 쌍 콩

✈ 가득 넣어 주세요.

Fill it up, please.

Hãy đổ xăng đầy.

하이 도 쌍 더이

✈ 선불입니까, 후불입니까?

Do I pay now or later?

Trả trước hay trả sau đây?

짜 쯔억 하이 짜 사우 더이

✈ 여기에 주차해도 됩니까?

Can I park my car here?

Tôi có thể đỗ xe ở đây được không?

또이 꼬 테 도 쎄 어 더이 드억 콩

차 트러블

✈ 배터리가 떨어졌습니다.

The battery is dead.

Hết ắc quy rồi.

헷 악 뀌 조이

✈ 펑크가 났습니다.

I got a flat tire.

Bị xịt lốp rồi.

비 씻 롭 조이

✈ 시동이 걸리지 않습니다.

I can't start the engine.

Tôi không thể khởi động được.

또이 콩 테 커이 동 드억

✈ 브레이크가 잘 안 듣습니다.

The brakes don't work properly.

Phanh không ăn.

파잉 콩 안

✈ 고칠 수 있습니까?

Can you repair it?

Có thể sửa được không?

꼬 테 스어 드억 콩

✈ 차를 돌려드리겠습니다.

I'll return the car.

Tôi muốn trả xe.

또이 무온 짜 쎄

거리에서 볼 수 있는 게시판		
주의	Cảnh báo	까잉 바오
발밑 주의	Nguy hiểm cẩn thận vấp ngã	위 히엠 껀 턴 밥 응아
머리 조심	Cẩn thận đụng đầu	껀 턴 둥 더우
위험	Nguy hiểm	위 히엠
건너지 마시오	Đừng qua đường	등 꽈 드엉
건너시오	Qua đường	꽈 드엉
무단 침입금지	Cấm xâm nhập trái phép	껌 섬 녑 짜이 펩
페인트 주의	Cẩn thận sơn mới	껀 턴 선 머이
고장	Bị hỏng	비 헝
사용중지	Ngưng sử dụng	으응 스 중
주차금지	Cấm đỗ xe	껌 도 쎄
주차장	Bãi đỗ xe	바이 도 쎄
정차금지	Cấm dừng xe	껌 증 쎄
잔디에 들어가지 마시오	Đừng dẫm lên cỏ	등 점 렌 꺼
출입금지	Cấm ra vào	껌 라 바오
통행금지	Cấm đi lại	껌 디 라이
일방통행	Đường một chiều	드엉 못 찌에우
출구	Lối ra	로이 라
갈아타는 곳	Nơi chuyển xe	너이 쭈옌 쎄
매표소	Quầy bán vé	꿔이 반 베

관 광

Unit 01 관광안내소에서
Unit 02 관광지에서
Unit 03 관람을 할 때
Unit 04 사진을 찍을 때
Unit 05 오락을 즐길 때
Unit 06 스포츠를 즐길 때

베트남의 대표 관광지

1
2
3
4
5
6
7
8
9
10
11
12
13
14
15
16
17
18
19

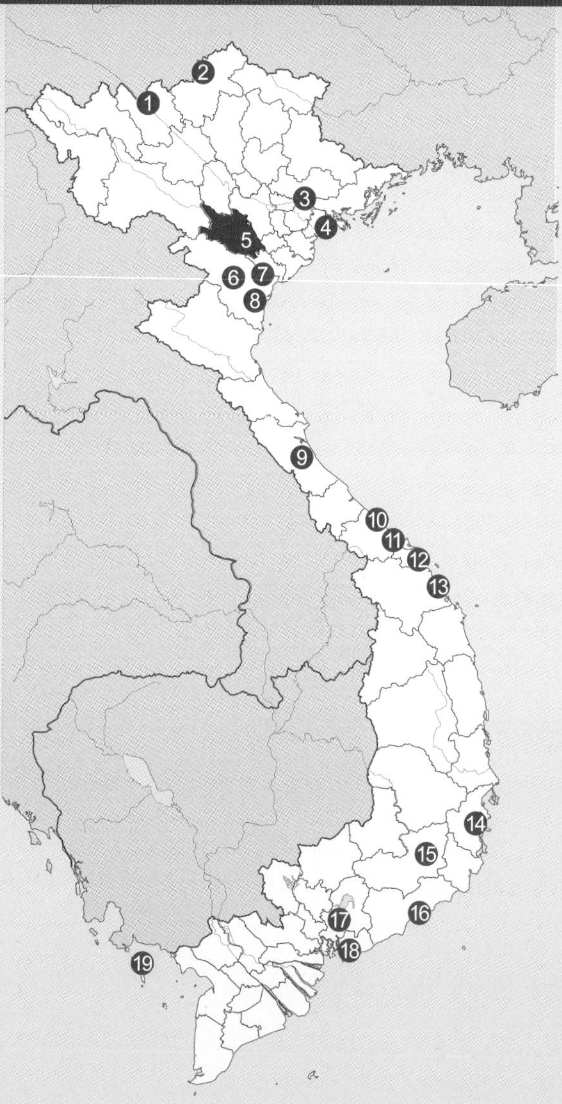

❶ 사파(판시판 산)

❷ 하장

❸ 옌뜨 국립공원

❹ 하롱베이

❺ 하노이(호안끼엠 호수, 탕롱황성, 하노이 레닌 공원, 베트남 군사 역사 박물관, 일주사, 호치민 묘, 호치민 박물관, 성 요셉 성당)

❻ 꾹프엉 국립공원

❼ 짱안 경관

❽ 타인호아(레러이 기념비, 레 왕조 사원, 삼손 해변)

❾ 퐁냐깨방 국립공원

❿ 후에(티엔무 사원, 후에성, 카이딘 황릉)

⓫ 하이반 고개

⓬ 다낭(미케비치, 바나힐, 용다리, 오행산)

⓭ 호이안(호이안 역사 문화 박물관, 내원교, 무역도자기 박물관, 목공예마을, 등불 축제)

⓮ 냐짱(빈펄랜드, 머드온천, 냐짱 센터, 냐짱 대성당)

⓯ 달랏(라비앙 산, 퐁고르 폭포)

⓰ 무이네(사막, 요정의 샘)

⓱ 호치민(노트르담 성당, 통일궁, 호치민 동상, 베트남 전쟁 박물관, 담섄공원, 사이공 동물원)

⓲ 붕따우(바이두억 해변, 바이사오 해변, 예수상)

⓳ 푸꾸옥 섬(사오비치, 포로 수용소, 빈펄사파리, 케이블카)

UNIT 01

관광안내소에서

관광의 첫걸음은 관광안내소에서 시작됩니다. 대부분이 시내의 중심부에 있는 볼거리 소개부터 버스 예약까지 여러 가지 서비스를 하고 있습니다. 무료의 시내지도, 지하철, 버스 노선도 등이 구비되어 있는 경우가 많으므로 정보 수집에 매우 편리합니다.

______ 투어는 있나요?

Do you have ______ tour?

Có chương trình du lịch ______ không?

꼬 쯔엉 찐 쥬 릭 ______ 콩

□	1일	full day	cả ngày	까 응아이
□	반나절	half-day	nửa ngày	느어 응아이
□	야간	night	buổi tối	부오이 또이
□	당일치기	come back in a day	trong ngày	쫑 응아이

Q : 하노이를 관광하고 싶은데요.

I'd like to see the sights of Hanoi.

Tôi muốn du lịch Hà Nội.

또이 무온 쥬 릭 하 노이

A : 투어에 참가하시겠습니까?

Are you interested in a tour?

Anh(Chị) có muốn vào chương trình du lịch không?

아잉(찌) 꼬 무온 바오 쯔엉 찐 쥬 릭 콩

관광안내소에서

✈ 관광안내소는 어디에 있습니까?
Where is the tourist information office?
Trung tâm thông tin và hỗ trợ khách du lịch ở đâu?
쭝 떰 통 띤 바 호 쩌 칵 쥬 릭 어 더우

✈ 이 도시의 관광안내 팸플릿이 있습니까?
Do you have a sightseeing brochure for this town?
Có tờ rơi du lịch của thành phố này không?
꼬 떠 러이 쥬 릭 꾸어 타잉 포 나이 콩

✈ 무료 시내지도는 있습니까?
Do you have a free city map?
Có bản đồ nội thành miễn phí không?
꼬 반 도 노이 타잉 미엔 피 콩

✈ 관광지도를 주시겠어요?
Can I have a sightseeing map?
Cho tôi bản đồ du lịch được không?
쪼 또이 반 도 쥬 릭 드억 콩

✈ 여기서 볼만한 곳을 가르쳐 주시겠어요?
Could you recommend some interesting places?
Có thể giới thiệu cho tôi nơi nào đáng xem ở đây được không?
꼬 테 져이 티에우 쪼 또이 너이 나오 당 쌤 어 더이 드억 콩

✈ 당일치기로 어디에 갈 수 있습니까?
Where can I go for a day trip?
Tôi có thể đi đâu để du lich trong ngày?
또이 꼬 테 디 더우 데 쥬 릭 쫑 응아이

✈ 경치가 좋은 곳을 아십니까?

Do you know a place with a nice view?

Anh(Chị) có biết chỗ nào có phong cảnh đẹp không?

아잉(찌) 꼬 비엣 쪼 나오 꼬 퐁 깐 뎁 콩

✈ 젊은 사람이 가는 곳은 어디입니까?

Where's good place for young people?

Nơi những người trẻ thường xuyên đi là ở đâu?

너이 능 응어이 쩨 트엉 쑤옌 디 라 어 더우

✈ 거기에 가려면 투어에 참가해야 합니까?

Do I have to join a tour to go there?

Tôi có phải tham gia chương trình du lịch để đến đó không?

또이 꼬 파이 탐 자 쯔엉 찐 쥬 릭 데 덴 도 콩

✈ 유람선은 있습니까?

Are there any sightseeing boats?

Có tàu tham quan không?

꼬 따우 탐 꾸안 콩

✈ 여기서 표를 살 수 있습니까?

Can I buy a ticket here?

Có thể mua vé ở đây không?

꼬 테 무어 베 어 더우 콩

✈ 할인 티켓은 있나요?

Do you have some discount tickets?

Có vé giảm giá không?

꼬 베 쟘 쟈 콩

✈ 지금 축제는 하고 있나요?
Are there any festivals now?
Bây giờ lễ hội đang được tổ chức chứ?
버이 저 레 호이 당 드억 또 쪽 쯔

✈ 벼룩시장 같은 것은 있나요?
Is there a flea market or something?
Có chỗ nào như chợ trời không?
꼬 쪼 나오 느 쩌 쩌이 콩

거리 · 시간 등을 물을 때

✈ 여기서 멉니까?
Is it far from here?
Cách xa đây không?
까익 싸 더이 콩

✈ 여기서 걸어서 갈 수 있습니까?
Can I walk down there?
Có thể đi bộ từ đây không?
꼬 테 디 보 뜨 더이 콩

✈ 왕복으로 어느 정도 시간이 걸립니까?
How long does it take to get there and back?
Đi hai chiều thì mất bao nhiêu thời gian?
디 하이 찌에우 티 멋 바오 니에우 터이 쟌

✈ 버스로 갈 수 있습니까?
Can I go there by bus?
Có thể đi bằng xe buýt không?
꼬 테 디 방 쎄 뷧 콩

투어를 이용할 때

관광버스 투어는 있습니까?

Is there a sightseeing bus tour?

Có chương trình du lịch bằng xe buýt không?

꼬 쯔엉 찐 쥬 릭 방 쎄 뷧 콩

어떤 투어가 있습니까?

What kind of tours do you have?

Có chương trình du lịch nào?

꼬 쯔엉 찐 쥬 릭 나오

어디서 관광투어를 신청할 수 있습니까?

Where can I book a sightseeing tour?

Tôi có thể đăng ký chương trình du lịch ở đâu?

또이 꼬 테 당 끼 쯔엉 찐 쥬 릭 어 더우

투어는 매일 있습니까?

Do you have tours every day?

Hàng ngày có chương trình du lịch không?

항 응아이 꼬 쯔엉 찐 쥬 릭 콩

오전[오후] 코스는 있습니까?

Is there a morning[afternoon] tour?

Có chương trình du lịch buổi sáng[chiều] không?

꼬 쯔엉 찐 쥬 릭 부오이 상[찌에우] 콩

야간관광은 있습니까?

Do you have a night tour?

Có chương trình du lịch buổi tối không?

꼬 쯔엉 찐 쥬 릭 부오이 또이 콩

✈ 투어는 몇 시간 걸립니까?
How long does it take to complete the tour?
Chương trình du lịch mất bao nhiêu thời gian?
쯔엉 찐 쥬 릭 멋 바오 니에우 터이 쟌

✈ 식사는 나옵니까?
Are any meals included?
Có bao gồm bữa ăn không?
꼬 바오 곰 브어 안 콩

✈ 몇 시에 출발합니까?
What time do you leave?
Mấy giờ xuất phát?
머이 져 쑤엇 팟

✈ 어디서 출발합니까?
Where does it start?
Xuất phát ở đâu?
쑤엇 팟 어 더우

✈ 한국어 가이드는 있나요?
Do we have Korean-speaking guide?
Nhân viên hướng dẫn nói được tiếng Hàn không?
년 비엔 흐엉 젼 노이 드억 띠엥 한 콩

✈ 요금은 얼마입니까?
How much is it?
Chi phí là bao nhiêu?
찌 피 라 바오 니에우

UNIT 02

관광지에서

미술관이나 박물관은 휴관일을 확인하고 나서 예정을 잡읍시다. 요일에 따라서 개관을 연장하거나 할인요금이나 입장료가 달라지는 곳도 있으므로 가이드북을 보고 확인합시다. 절이나 성당, 교회 등은 관광지이기 전에 신성한 종교 건물입니다. 들어갈 때 정숙하지 못한 복장이나 소란은 삼가야 합니다.

______ 은(는) 어느 정도입니까?

How ______ is it?

______ là bao nhiêu?

라 바오 니에우

□ 높이	high	Chiều cao	찌에우 까오
□ 넓이	large	Chiều rộng	찌에우 종
□ 역사(오래됨)	old	Lịch sử (lâu đời)	릭 스(러우 더이)
□ 길이	long	Chiều dài	찌에우 자이

Q : 오늘 투어에 참가할 수 있습니까?

Can I join today's tour?

Hôm nay tôi có thể đăng ký chương trình du lịch được không?

홈 나이 또이 꼬 테 당 끼 쯔엉 찐 쥬 릭 드억 콩

A : 죄송합니다만, 미리 예약을 하셔야 합니다.

Sorry, you have to book it in advance.

Xin lỗi, quý khách phải đặt chỗ trước.

신 로이 뀌 칵 파이 닷 쪼 쯔억

관광버스 안에서

✈ 저것은 무엇입니까?

What is that?

Cái kia là cái gì?

까이 끼아 라 까이 지

✈ 저것은 무슨 강[산]입니까?

What is the name of that river[mountain]?

Tên của sông[núi] kia là gì?

뗀 꾸어 송[누이] 끼아 라 지

✈ 여기서 얼마나 머뭅니까?

How long do we stop here?

Ở lại đây bao lâu?

어 라이 더이 바오 러우

✈ 시간은 어느 정도 있습니까?

How long do we have?

Chúng tôi có bao nhiêu thời gian?

쭝 또이 꼬 바오 니에우 터이 잔

✈ 자유시간은 있나요?

Do we have any free time?

Có cho chúng tôi thời gian tự do không?

꼬 쪼 쭝 또이 터이 잔 뜨 쬬 콩

✈ 몇 시에 버스로 돌아오면 됩니까?

By what time should I be back to the bus?

Mấy giờ chúng tôi phải về lại xe buýt?

머이 져 쭝 또이 파이 베 라이 쎄 뷧

관광을 하면서

✈ 전망대는 어떻게 오릅니까?
How can I get up to the observatory?
Lên đến đài quan sát như thế nào?
렌 덴 다이 꾸안 쌋 느 테 나오

✈ 저 건물은 무엇입니까?
What is that building?
Tòa nhà kia là gì?
또아 냐 끼아 라 지

✈ 누가 여기에 살았습니까?
Who lived here?
Ai đã sống ở đây?
아이 다 송 어 더이

✈ 언제 세워졌습니까?
When was it built?
Cái đó được xây dựng khi nào?
까이 도 드억 서이 증 키 나오

✈ 퍼레이드는 언제 있습니까?
What time do you have the parade?
Khi nào cuộc diễu hành bắt đầu?
키 나오 꾸옥 지에우 하잉 밧 더우

✈ 몇 시에 돌아와요?
What time will we come back?
Đến mấy giờ phải quay về?
덴 머이 져 파이 꾸아이 베

기념품점에서

✈ 그림엽서는 어디서 삽니까?

Where can I buy picture postcards?

Tôi có thể mua bưu thiếp tranh ở đâu?

또이 꼬 테 무어 브우 띠엡 짜잉 어 더우

✈ 그림엽서는 있습니까?

Do you have picture postcards?

Có bưu thiếp tranh không?

꼬 브우 띠엡 짜잉 콩

✈ 기념품 가게는 어디에 있습니까?

Where is the gift shop?

Cửa hàng bán đồ lưu niệm ở đâu?

끄어 항 반 도 르우 니엠 어 더우

✈ 기념품으로 인기 있는 것은 무엇입니까?

Could you recommend something popular for a souvenir?

Món quà lưu niệm được yêu thích là gì?

몬 꽈 르우 니엠 드억 이에우 띡 라 지

✈ 뭔가 먹을 만한 곳은 있습니까?

Is there a place where I can eat something?

Có chỗ nào đáng để đi ăn không?

꼬 쪼 나오 당 데 디 안 콩

✈ 이 박물관의 오리지널 상품입니까?

Is it an original to this museum?

Đây có phải là sản phẩm gốc của bảo tàng này không?

더이 꼬 파이 라 산 펌 곡 꾸어 바오 땅 나이 콩

UNIT 03

관람을 할 때

그 도시의 정보지 등에서 뮤지컬이나 연극, 콘서트 등 보고 싶은 것을 찾아서 호텔의 인포메이션이나 관광안내소에서 예약해 두는 것이 좋습니다. 표는 극장의 창구에서 사는 것이 가장 확실합니다. 넉넉하게 공연의 3일 전쯤에는 예매해 두어야 합니다.

지금 인기 있는 ________ 은(는) 무엇입니까?

What's the most popular ________ now?

Dạo này ________ nào nổi tiếng?

자오 나이 ________ 나오 노이 띠엥

□	영화	movie	phim	핌
□	오페라	opera	vở ô-pê-ra	버 오페라
□	뮤지컬	musical	vở nhạc kịch	버 냑 킥
□	연극	play	vở kịch	버 킥

Q : 우리들 자리는 어디죠?

Where're the seats?

Ghế của chúng tôi ở đâu?

게 꾸어 쭝 또이 어 더우

A : 안내해 드리겠습니다.

Please follow me.

Tôi sẽ hướng dẫn cho quý khách.

또이 쎄 흐엉 전 쪼 뀌 칵

입장권을 구입할 때

✈ 티켓은 어디서 삽니까?

Where can I buy a ticket?

Mua vé ở đâu?

무어 베 어 더우

✈ 입장은 유료입니까?

Is there a charge for admission?

Tôi phải mua vé vào cửa không?

또이 파이 무어 베 바오 끄어 콩

✈ 입장권은 얼마입니까?

How much is the admission fee?

Vé vào cửa là bao nhiêu?

베 바오 끄어 라 바오 니에우

✈ 어른 2장 주세요.

Two adult, please.

Cho tôi 2 vé người lớn.

쪼 또이 하이 베 응어이 런

✈ 학생 1장 주세요.

One student, please.

Cho tôi 1 vé học sinh.

쪼 또이 못 베 혹 신

✈ 단체할인은 있습니까?

Do you have a group discount?

Có giảm giá theo đoàn không?

꼬 쟘 쟈 테오 도안 콩

미술관에서

이 티켓으로 모든 전시를 볼 수 있습니까?
Can I see everything with this ticket?
Bằng tấm vé này có thể xem được tất cả triển lãm không?
방 떰 베 나이 꼬 테 쌤 드억 떳 까 찌엔 람 콩

무료 팸플릿은 있습니까?
Do you have a free brochure?
Có tờ rơi miễn phí không?
꼬 떠 러이 미엔 피 콩

짐을 맡아 주세요.
I'd like to check this baggage.
Làm ơn gửi hành lý cho tôi.
람 언 그이 하잉 리 쪼 또이

특별전을 하고 있습니까?
Are there any temporary exhibitions?
Có triển lãm nào đặt biệt không?
꼬 찌엔 람 나오 닷 비엣 콩

관내를 안내할 가이드는 있습니까?
Is there anyone who can guide me?
Có nhân viên hướng dẫn nào giới thiệu cho tôi về bảo tàng không?
꼬 년 비엔 흐엉 전 나오 져이 티에우 쪼 또이 베 바오 땅 콩

이 그림은 누가 그렸습니까?
Who painted this picture?
Bức tranh này ai đã vẽ vậy?
븍 짜잉 나이 아이 다 베 버이

박물관에서

✈ 그 박물관은 오늘 엽니까?

Is the museum open today?

Bảo tàng này hôm nay có mở không?

바오 땅 나이 홈 나이 꼬 머 콩

✈ 단체할인은 있나요?

Do you have a group discount?

Có giảm giá theo đoàn không?

꼬 쟘 쟈 테오 도안 콩

✈ 재입관할 수 있습니까?

Can I reenter?

Tôi có thể vào lại được không?

또이 꼬 테 바오 라이 드억 콩

✈ 내부를 견학할 수 있습니까?

Can I take a look inside?

Tôi có thể xem bên trong bảo tàng được không?

또이 꼬 테 셈 벤 쫑 바오 땅 드억 콩

✈ 출구는 어디입니까?

Where is the exit?

Cửa ra ở đâu?

끄어 자 어 더우

✈ 화장실은 어디입니까?

Where is the rest room?

Nhà vệ sinh ở đâu?

냐 베 신 어 더우

극장에서

✈ 극장 이름은 뭡니까?

What's the name of the theater?

Tên của nhà hát là gì?

뗀 꾸어 냐 핫 라 지

✈ 오늘 밤에는 무엇을 상영합니까?

What's on tonight?

Tối nay chiếu phim gì?

또이 나이 찌에우 핌 지

✈ 재미있습니까?

Is it good?

Có hay không?

꼬 하이 콩

✈ 누가 출연합니까?

Who appears on it?

Ai diễn xuất?

아이 지엔 쑤엇

✈ 오늘 표는 아직 있습니까?

Are today's tickets still available?

Vé hôm nay vẫn còn chứ ạ?

베 홈 나이 번 꼰 쯔 아

✈ 몇 시에 시작됩니까?

What time does it start?

Mấy giờ bắt đầu?

머이 져 밧 더우

콘서트 · 뮤지컬

✈ 뮤지컬을 보고 싶은데요.

We'd like to see a musical.

Tôi muốn xem nhạc kịch.

또이 무온 셈 냑 킥

✈ 여기서 티켓을 예약할 수 있나요?

Can I make a ticket reservation here?

Tôi có thể đặt vé ở đây không?

또이 꼬 테 닷 베 어 더이 콩

✈ 이번 주 클래식 콘서트는 없습니까?

Are there any classical concerts this week?

Tuần này không có buổi hòa nhạc cổ điển à?

뚜언 나이 콩 꼬 부오이 화 냑 꼬 디엔 아

✈ 내일 밤 표를 2장 주세요.

Two for tomorrow night, please.

Cho tôi 2 vé tối mai.

쪼 또이 하이 베 또이 마이

✈ 가장 싼 자리는 얼마입니까?

How much is the cheapest seat?

Chỗ ngồi rẻ nhất là bao nhiêu?

쪼 응오이 제 녓 라 바오 니에우

✈ 가장 좋은 자리를 주세요.

I'd like the best seats.

Cho tôi chỗ ngồi tốt nhất.

쪼 또이 쪼 응오이 뜻 녓

UNIT **04**

사진을 찍을 때

미술관이나 박물관에서는 사진 촬영이 금지되어 있는 곳이 많으므로 게시판을 잘 살펴야 합니다. 삼각대, 플래시는 거의 금지되어 있습니다. 함부로 다른 사람에게 카메라를 향하는 것은 예의에 어긋나므로, 찍고 싶은 상대에게 허락을 받고 나서 사진을 찍어야 합니다.

______ 을(를) 보내주시겠어요?

Would you send me the ______ ?

Có thể gửi ______ cho tôi được không?

꼬 테 그이 ______ 쪼 또이 드억 콩

□ 사진	picture	bức ảnh	븍 아잉
□ 동영상	video	video	비디오
□ 파일	file	file	파일
□ 엽서	postcard	bưu thiếp	브우 띠엡

Q : 사진 한 장 찍어 주시겠어요?
Will you take a picture of me?
Có thể chụp ảnh cho tôi được không?
꼬 테 쭙 아잉 쪼 또이 드억 콩

A : 좋습니다. 어느 버튼을 누르면 됩니까?
Okay. Which button should I press?
Được thôi. Tôi phải nhấn nút nào?
드억 토이 또이 파이 년 눗 나오

사진 촬영을 허락받을 때

✈ 여기서 사진을 찍어도 됩니까?

May I take a picture here?

Tôi có thể chụp ảnh ở đây được không?

또이 꼬 테 쭙 아잉 어 더이 드억 콩

✈ 여기서 플래시를 터뜨려도 됩니까?

May I use a flash here?

Tôi có thể sử dụng đèn flash được không?

또이 꼬 테 쓰 중 덴 플래시 드억 콩

✈ 비디오 촬영을 해도 됩니까?

May I take a video?

Tôi có thể quay video không?

또이 코 테 꾸아이 비디오 콩

✈ 당신 사진을 찍어도 되겠습니까?

May I take your picture?

Tôi chụp ảnh của anh(chị) được không?

또이 쭙 아잉 꾸어 아잉(찌) 드억 콩

✈ 함께 사진을 찍으시겠습니까?

Would you take a picture with me?

Anh(Chị) có muốn chụp ảnh với tôi không?

아잉(찌) 꼬 무온 쭙 아잉 버이 또이 콩

✈ 미안해요, 바빠서요.

Actually, I'm in a hurry.

Xin lỗi, tôi đang bận.

신 로이 또이 당 번

사진 촬영을 부탁할 때

사진 좀 찍어 주시겠어요?
Would you take a picture of me?
Anh(Chị) có thể chụp ảnh giúp tôi được không?
아잉(찌) 꼬 테 쭙 아잉 쥽 또이 드억 콩

셔터를 누르면 됩니다.
Just push the button.
Cứ ấn nút là được.
끄 언 눗 라 드억

여기서 우리들을 찍어 주십시오.
Please take a picture of us from here.
Hãy chụp ảnh giúp chúng tôi ở đây nhé.
하이 쭙 아잉 쥽 쭝 또이 어 더이 녜

한 장 더 부탁합니다.
One more, please.
Nhờ anh(chị) chụp giúp một tấm nữa nhé.
녀 아잉(찌) 쭙 쥽 못 떰 느어 녜

나중에 사진을 보내드리겠습니다.
I'll send you the picture.
Sau này tôi sẽ gửi cho anh(chị).
사우 나이 또 쎄 그이 쪼 아잉(찌)

주소를 여기서 적어 주시겠어요?
Could you write your address down here?
Hãy viết địa chỉ ở đây.
하이 비엣 디아 찌 어 더이

필름가게에서

✈ 이거하고 같은 컬러필름은 있습니까?

Do you have the same color film as this?

Có cuộn phim màu giống cái này không?

꼬 꾸온 핌 마우 죵 까이 나이 콩

✈ 건전지는 어디서 살 수 있나요?

Where can I buy a battery?

Tôi có thể mua pin ở đâu?

또이 꼬 테 무어 삔 어 더우

✈ 어디서 현상할 수 있습니까?

Where can I have this film developed?

Tôi có thể tráng phim ở đây?

또이 꼬 테 짱 핌 어 더이

✈ 이것을 현상해 주시겠어요?

Could you develop this film?

Tráng cuộn phim này cho tôi được không?

짱 꾸온 핌 나이 쪼 또이 드억 콩

✈ 인화를 해 주시겠어요?

Could you make copies of this picture?

Tôi muốn tráng rửa ảnh phim này?

또이 무온 짱 르어 아잉 핌 나이

✈ 언제 됩니까?

When can I have it done by?

Khi nào thì tôi có thể nhận được?

키 나오 티 또이 꼬 테 년 드억

UNIT 05

오락을 즐길 때

베트남의 나이트클럽은 매장마다 분위기가 다를 수 있으니 미리 호텔의 프런트나 정보지로 가게의 분위기나 쇼의 내용을 확인해 두는 것이 좋습니다.

_______________ 을(를) 주시겠어요?

May I have a _______________ ?

Cho tôi _______________ nhé?

쪼 또이 녜

□	위스키	whiskey	rượu uýt-ki	즈어우 윗키
□	콜라	coke	Cô-ca	꼬 까
□	커피	coffee	cá phê	까 페
□	맥주	beer	bia	비어

Q : 쇼는 언제 시작됩니까?

When does the show start?

Khi nào buổi biểu diễn bắt đầu?

키 나오 부오이 비에우 지엔 밧 더우

A : 곧 시작됩니다.

Very soon, sir.

Sắp bắt đầu ạ.

쌉 밧 더우 아

나이트클럽에서

✈ 좋은 나이트클럽은 있나요?

Do you know of a good nightclub?

Anh(Chị) có biết vũ trường tốt không?

아잉(찌) 꼬 비엣 부 쯔엉 뜻 콩

✈ 디너쇼를 보고 싶은데요.

I want to see a dinner show.

Tôi muốn xem dinner show.

또이 무온 쎔 디너 쇼

✈ 이건 무슨 쇼입니까?

What kind of show is this?

Đây là show gì vậy?

더이 라 쇼 지 버이

✈ 무대 근처 자리로 주시겠어요?

Can I have a table near the stage, please?

Cho tôi chỗ gần sân khấu được không?

쪼 또이 쪼 건 썬 커우 드억 콩

✈ (클럽에서) 지금 나오는 음악은 어떤 것입니까?

What is this music now?

Đang chơi bài gì bậy?

당 쩌이 바이 지 버이

✈ 함께 춤추시겠어요?

Will you dance with me?

Anh(Chị) có thể nhảy cùng tôi không?

아잉(찌) 꼬 테 냐이 꿍 또이 콩

디스코텍에서

근처에 디스코텍은 있습니까?
Are there any discos around here?
Gần đây có disco không?
건 더이 꼬 디스코 콩

몇 시까지 합니까?
How late is it open?
Ở đây mở đến mấy giờ ạ?
어 더이 머 덴 머이 져 아

젊은 사람이 많습니까?
Are there many young people?
Người trẻ tuổi có đông không?
응어이 쩨 뚜오이 꼬 동 콩

여기서 한잔 안 할래요?
Would you like to drink with us?
Uống một chén chứ?
우옹 못 쩬 쯔

어서 오십시오. 몇 분이십니까?
Good morning. How many?
Xin mời vào, quý khách có bao nhiêu người?
신 머이 바오 꾸 칵 꼬 바오 니에우 응어이

무엇을 드시겠습니까?
What would you like to drink?
Anh(Chị) uống gì ạ?
아잉(찌) 우옹 지 아

카지노는 몇 시부터 합니까?
What time does the casino open?
Casino mở cửa lúc mấy giờ?
카지노 머 끄어 룩 머이 져

좋은 카지노를 소개해 주시겠어요?
Could you recommend a good casino?
Anh(Chị) có thể giới thiệu cho tôi một Casino tốt không?
아잉(찌) 꼬 테 져이 티에우 쪼 또이 못 카지노 뜻 콩

카지노는 아무나 들어갈 수 있습니까?
Is everyone allowed to enter casinos?
Ai cũng có thể vào Casino phải không?
아이 꿍 꼬 테 바오 카지노 파이 콩

칩은 어디서 바꿉니까?
Where can I get chips?
Tôi đổi tiền mặt sang chip ở đâu?
또이 도이 띠엔 맛 상 칩 어 더우

현금으로 주세요.
Cash, please.
Cho tôi bằng tiền mặt.
쪼 또이 방 띠엔 맛

맞았다! / 이겼다!
Jackpot! / Bingo!
Jackpot! / thắng!
잭팟 / 탕

UNIT 06

스포츠를 즐길 때

인기가 있는 프로스포츠는 미리 예매를 해 두어야 매진으로 허탕치는 일이 없습니다. 경기장에 가기 전에 반드시 표를 구할 수 있는지 확인하는 것이 좋습니다. 베트남은 축구의 인기가 매우 높고 열광적인 팬이 많아서 관객들의 흥분에 주의를 기울여야 합니다.

저는 ______________ 을(를) 하고 싶습니다.
I'd like to ______________ .
Tôi muốn chơi ______________ .
또이 무온 쩌이

- □ 골프 play golf đánh gôn 다잉 곤
- □ 테니스 play tennis ten-nít 떼 닛
- □ 서핑 go surfing lướt sóng 르엇 송

Q : 함께하시겠어요?
Would you join us?
Anh(Chị) muốn cùng chơi chứ?
아잉(찌) 무온 꿍 쩌이 쯔

A : 고맙습니다.
Thank you.
Cảm ơn.
깜 언

스포츠를 관전할 때

✈ **농구시합을 보고 싶은데요.**
I'd like to see a basketball game.
Tôi muốn xem trận đấu bóng rổ.
또이 무온 쌤 쩐 더우 봉 조

✈ **오늘 프로축구 시합은 있습니까?**
Is there a professional soccer game today?
Hôm nay có trận đấu bóng đá chuyên nghiệp không?
홈 나이 꼬 쩐 다우 봉 다 쭈옌 니엡 콩

✈ **어디서 합니까?**
Where is the stadium?
Sân vận động ở đâu?
선 번 동 어 더우

✈ **몇 시부터입니까?**
What time does it begin?
Mấy giờ bắt đầu?
머이 져 밧 더우

✈ **어느 팀의 시합입니까?**
Which teams are playing?
Đội nào thi đấu đấy?
도이 나오 티 더우 더이

✈ **표는 어디서 삽니까?**
Where can I buy a ticket?
Mua vé ở đâu?
무어 베 어 더우

✈ 테니스를 하고 싶은데요.
We'd like to play tennis.
Tôi muốn chơi tennis.
또이 무온 쩌이 떼닛

✈ 골프를 하고 싶은데요.
We'd like to play golf.
Tôi muốn chơi gôn.
또이 무온 쩌이 곤

✈ 골프 예약을 부탁합니다.
Can I make a reservation for golf?
Tôi có thể đặt chỗ cho môn golf được không?
또이 꼬 테 닷 쪼 쪼 몬 골프 드억 콩

✈ 오늘 플레이할 수 있습니까?
Can we play today?
Hôm nay chúng tôi có thể chơi được không?
홈 나이 쭝 또이 꼬 테 쩌이 드억 콩

✈ 그린피는 얼마입니까?
How much is the green fee?
Chi phí vào sân gôn là bao nhiêu?
찌 피 바오 선 곤 라 바오 니에우

✈ 이 호텔에 테니스코트는 있습니까?
Do you have a tennis court in the hotel?
Ở khách sạn này có sân tennis không?
어 칵 산 나이 꼬 산 떼닛 콩

해외에서 많이 볼 수 있는 제스처

OK!

GOOD!

아뿔싸!

NO!

나가!

아무것도 없어요!

각종 표지		
남성용	Dành cho đàn ông	자잉 쪼 단 옹
여성용	Dành cho phụ nữ	자잉 쪼 푸 느
비상구	Lối thoát hiểm	로이 토앗 히엠
무료입장	Vào cửa miễn phí	바오 끄어 미엔 피
입구	Lối vào	로이 바오
출구	Lối ra	로이 라
당기시오	Kéo vào	케오 바오
미시오	Đẩy ra	더이 라
멈추시오	Dừng lại	증 라이
예약됨	Đã đặt trước	다 닷 쯔억
안내소	Phòng hướng dẫn	퐁 흐엉 전
금연	Cấm hút thuốc	껌 훗 투옥
촬영금지	Cấm chụp ảnh	껌 쭙 아잉
사용중	Đang sử dụng	당 쓰 중
열림(엘리베이터)	Nút mở	눗 머
닫힘(엘리베이터)	Nút đóng	눗 동
폐점	Đóng cửa	동 끄어
위험	Nguy hiểm	위 히엠
출입금지	Cấm ra vào	껌 라 바오

쇼 핑

쇼핑에 관한 정보

쇼핑에 관한 정보

짧은 시간에 효율적인 쇼핑을 하려면 살 물건의 리스트를 미리 만들어 두는 것이 좋다. 또 각 도시의 특산물과 선물 품목 및 상점가의 위치 등을 미리 조사해 두는 것도 한 방법이다. 양주, 담배, 향수 등은 공항의 면세점에서 싸게 살 수 있으므로 맨 마지막에 공항에서 사도록 한다. 값이 싼 물건은 별 문제없지만 비싼 물건은 가게에 따라 값도 매우 다르므로 한 집에서 결정하지 말고 몇 집 다녀본 뒤 좋은 것을 선택하는 것이 바람직하다. 특히 보석이나 시계는 신뢰할 만한 가게에서 사야 한다. 백화점이나 고급 상점 말고 일반적인 선물 가게나 노점 같은 데서는 값을 깎아도 실례가 되지 않는다. 시장 같은 데서는 흥정해 보는 것도 괜찮다. 외국에서 쇼핑을 할 때는 우선 상점의 영업시간에 유의해야 한다. 나라마다 다르지만 보통 토요일 오후와 일요일 축제일은 휴업이다. 그러나 대부분의 나라에서 여행자를 상대로 하는 선물 가게는 연중무휴이다.

백화점 쇼핑 에티켓

상품을 고를 때 직접 만져 보지 말고 보여 달라고 청하도록 한다. 또한 나라마다 물건값 흥정이 있을 수도 있고, 없을 수도 있는데, 동남아, 중국, 남미, 유럽 등에서는 일류 백화점이나 면세점이 아니면 물건값을 깎아도 무방하나, 미국이나 서유럽에서는 물건값을 깎는 것이 실례가 된다는 사실을 알아두어야 한다.

면세점

면세로 쇼핑이 가능한 것은 해외여행자의 큰 특전이다. 세계의 거의 모든 국제공항의 출국 대합실에는 Duty Free 간판을 걸고 술, 향수, 담배, 보석, 귀금속 등을 파는 면세점이 있다. 나라나 도시에 따라서는 시내에도 공인 면세점이 있어서 해외여행자의 인기를 모으고 있다.

○국내 면세점: 내국인이 국내 면세점을 이용하면 외화를 국내에서 소비함으로써 국가경쟁력에 도움이 되고, 쇼핑할 때 가장 중요한 언어문제가 해결되기 때문에 마음 놓고 물건을 고를 수 있다. 그러나 국내 면세점에서 구입한 물건은 반드시 공항에서 찾아 여행하는 동안 지니고 있다가 반입해야 한다는 불편함이 있다.

○공항 면세점: 공항 내 면세점은 출국절차를 마친 여행객이 들를 수 있다. 특히 인천공항의 면세점은 규모나 브랜드 종류 등 여러 면에서 세계 최고라고 해도 과언이 아니다. 여행 목적지 세관에서 정하는 기준만큼 구입해야 세금을 물지 않는다.

○기내 면세점: 기내에서 서비스 차원으로 운영하는 면세점으로 각 좌석에 상품 카탈로그가 비치되어 있어 물품의 종류와 가격을 알 수 있다. 하지만 비행기 안에 실을 수 있는 양이 정해져 있으므로 뒤쪽에 좌석이 배정되면 물품을 구입하기가 쉽지 않다.

○면세점 이용 대상: 출국 예정자로 항공편이 확정된 후부터 출국 5시간 전까지 면세점을 이용할 수 있다. 특히 국내 면세점을 이용하기 위해서는 우선 여권과 항공권이 필수. 그러나 단체여행의 경우 대부분 여행사가 항공권을 보관하고 있다. 따라서 이때에는 항공편명과 출국시간을 확인하고 가야 한다.

○이용한도: 내국인은 3,000달러까지이며 교포와 외국인은 금액 및 품목 제한이 없다. 국내 면세점에서 구입한 물건은 값을 지불한 면세점에서 바로 물건을 가져가는 것이 아니라 출국하는 날, 공항 면세점에서 찾아가야 한다.

○물품 인도: 시내 각 면세점에 가서 구입한 상품은 출국 직전 여권과 물품교환권을 제시하고 물품 인도장에서 인도받는다.

○대금 지불: 원화, 엔화, 미화, 신용카드

○면세점 이용 시 주의사항: 면세품을 구입할 때에는 반드시 영수증과 교환권을 받아두어야 한다. 영수증은 애프터서비스를 받을 때 필요하므로 잘 보관해두자. 교환권은 구입한 물건을 출국 1~2시간 전에 국제공항의 정해진 면세품 인도장에서 제시해야만 찾을 수 있다. 만일 항공편이나 출국일자 및 시간이 변경되었을 때는 출국 5시간까지 각 면세점 보세 상품 운송실로 연락해야 한다.

UNIT 01

가게를 찾을 때

쇼핑은 여행의 커다란 즐거움의 하나입니다. 싼 가게, 큰 가게, 멋진 가게, 대규모의 쇼핑센터 등을 사전에 알아두면 편리합니다. 가고자 하는 시장이나 가게의 영업시간이나 휴업일을 미리 알아 둡시다.

이 주변에 ________ 은(는) 있습니까?
Is there a ________ around here?
Gần đây có ________ không?
건 더이 꼬 ________ 콩

- □ 슈퍼마켓 supermarket siêu thị 씨에우 티
- □ 쇼핑센터 shopping center trung tâm thương mại 쭝 떰 트엉 마이
- □ 선물가게 gift store cửa hàng quà tặng 끄어 항 꽈 땅
- □ 보석가게 jewelry store cửa hàng vàng bạc đá quý 끄어 항 방 박 다 뀌

Q : 이건 어디서 살 수 있습니까?
Where can I buy this?
Tôi có thể mua cái này ở đâu?
또이 꼬 테 무어 까이 나이 어 더우

A : 할인점에서 살 수 있습니다.
At the discount shop.
Có thể mua ở cửa hàng giảm giá.
꼬 테 무어 어 끄어 항 잠 자

쇼핑센터를 찾을 때

✈ 쇼핑센터는 어디에 있습니까?
Where's the shopping mall?
Trung tâm thương mại ở đâu?
쭝 떰 트엉 마이 어 더우

✈ 이 도시의 쇼핑가는 어디에 있습니까?
Where is the shopping area in this town?
Khu mua sắm của thành phố này là ở đâu?
쿠 무어 쌈 꾸어 타잉 포 나이 라 어 더우

✈ 쇼핑 가이드는 있나요?
Do you have a shopping guide?
Có nhân viên hướng dẫn mua sắm không?
꼬 년 비엔 흐엉 전 무어 삼 콩

✈ 선물은 어디서 살 수 있습니까?
Where can I buy some souvenirs?
Tôi có thể mua quà ở đâu?
또이 꼬 테 무어 꽈 어 더우

✈ 면세점은 있습니까?
Is there a duty-free shop?
Có cửa hàng miễn thuế không?
꼬 끄어 항 미엔 투에 콩

✈ 이 주변에 백화점은 있습니까?
Is there a department store around here?
Gần đây có trung tâm thương mại không?
건 더이 꼬 쭝 떰 트엉 마이 콩

가게를 찾을 때

가장 가까운 슈퍼는 어디에 있습니까?
Where's the nearest grocery store?
Siêu thị gần nhất là ở đâu?
씨에우 티 건 녓 라 어 더우

편의점을 찾고 있습니다.
I'm looking for a convenience store.
Tôi đang tìm cửa hàng tiện lợi.
또이 당 띰 끄어 항 띠엔 러이

좋은 스포츠 용품점을 가르쳐 주시겠어요?
Could you recommend a good sporting goods store?
Anh có thể giới thiệu cho tôi cửa hàng dụng cụ thể thao tốt được không?
아잉 꼬 테 져이 티에우 쪼 또이 끄어 항 중 꾸 테 타오 드억 콩

세일은 어디서 하고 있습니까?
Who's having a sale?
Ở đâu đang giảm giá?
어 더우 당 잠 쟈

이 주변에 할인점은 있습니까?
Is there a discount shop around here?
Gần đây có cửa hàng giảm giá không?
건 더이 꼬 끄어 항 잠 쟈 콩

그건 어디서 살 수 있나요?
Where can I buy it?
Tôi có thể mua cái đó ở đâu?
또이 꼬 테 무어 까이 도 어 더우

가게로 가고자 할 때

✈ 그 가게는 오늘 문을 열었습니까?
Is that shop open today?
Hôm nay cửa hàng đó có mở cửa không?
홈 나이 끄어 항 도 꼬 머 끄어 콩

✈ 여기서 멉니까?
Is that far from here?
Có xa đây không?
꼬 싸 더이 콩

✈ 몇 시에 개점합니까?
What time do you open?
Mấy giờ mở cửa?
머이 져 머 끄어

✈ 몇 시에 폐점합니까?
What time do you close?
Mấy giờ đóng cửa?
머이 져 동 끄어

✈ 영업시간은 몇 시부터 몇 시까지입니까?
What are your business hours?
Thời gian mở cửa hàng từ mấy giờ đến mấy giờ?
터이 쟌 머 끄어 항 뜨 머이 져 덴 머이 져

✈ 몇 시까지 합니까?
How late are you open?
Mở cửa đến mấy giờ?
머 끄어 덴 머이 져

여러 가지 가게		
백화점	cửa hàng bách hóa	끄어 항 바익 화
쇼핑몰	trung tâm thương mại	쭝 떰 트엉 마이
슈퍼마켓	siêu thị	씨에우 티
아울렛	cửa hàng outlet	끄어 항 아울렛
할인점	cửa hàng bán giảm giá	끄어 항 반 잠 자
편의점	cửa hàng tiện lợi	끄어 항 띠엔 러이
보석점	cửa hàng vàng bạc và đá quý	끄어 항 방 박 바 다 뀌
문방구점	cửa hàng văn phòng phẩm	끄어 항 반 퐁 펌
서점	nhà sách	냐 싸익
스포츠용품점	cửa hàng dụng cụ thể thao	끄어 항 중 꾸 테 타오
골동품점	cửa hàng đồ cổ	끄어 항 도 꼬
완구점	cửa hàng đồ chơi	끄어 항 도 쩌이
식기점	cửa hàng gốm sứ	끄어 항 곰 스
식료품점	cửa hàng thực phẩm	끄어 항 특 펌
주류점	cửa hàng rượu ngoại	끄어 항 즈어우 응오아이

쇼핑의 기본 단어		
선물	món quà	몬 꽈
특매품	sản phẩm khuyến mại	산 펌 쿠옌 마이
브랜드	thương hiệu	트엉 히에우
메이커	sảm phẩm có thương hiệu	산 펌 꼬 트엉 히에우
종이봉지	túi giấy	뚜이 져이
점원	nhân viên cửa hàng	년 비엔 끄어 항
윈도우(진열장)	tủ trưng bày	뚜 쯩 바이
가격인하	giảm giá	잠 자
바겐세일	khyến mãi giảm giá	쿠엔 마이 잠 자
한국제품	sản phẩm Hàn Quốc	산 펌 한 꾸옥

슈퍼마켓에서 볼 수 있는 표시		
어패류	FISH and SEAFOOD	Cá và hải sản
육류	MEATS	Thịt
과일	FRESH FRUITS	Trái cây tươi
채소	VEGETABLES	Rau tươi
농산물	PRODUCE	Sản phẩm nông nghiệp
육가공품	DELI	Món ăn ngon
유제품	DAIRY PRODUCTS	Sản phẩm sữa
캔제품	CANNED GOODS	Đồ đóng hộp
냉동식품	FROZEN FOOD	Thức ăn đông lạnh
건강식품	DIET FOOD	Thức phẩm DIET
향신료	SPICES	Gia vị
청량음료	BEVERAGES	Thức uống
주류	LIQUOR	Rượu
의류	CLOTHING	Quần áo
빵 및 베이커리 제품	BREAD and BAKERY GOODS	Bành mì và Bánh kẹo
시리얼	CEREAL	Ngũ cốc khô
간식 및 디저트	CANDY and DESSERTS	Kẹo và Món tráng miệng
무알콜 음료	SOFT DRINKS	Nước uống có ga
부엌용품	KITCHEN UTENSILS	Đồ dùng nấu ăn
세면도구	TOILETRIES	Đồ dùng vệ sinh
가정용품	HOUSEHOLD GOODS	Đồ gia dụng
티슈 등 종이류	PAPER PRODUCTS	Giấy
문방구, 학용품	STATIONERY, SCHOOL SUPPLIES	Đồ dung văn phòng phẩm

UNIT 02

물건을 찾을 때

가게에 들어가면 점원에게 가볍게 Xin chào!나 Chào anh(chị)!라고 인사를 합시다. 점원이 Quý khách tìm gì vậy?(무엇을 찾으십니까?)이라고 물었을 때 살 마음이 없는 경우에는 Chỉ xem thôi.(그냥 둘러볼게요.)라고 대답합니다. 말을 걸었는데 대답을 하지 않거나 무시하는 것은 상대에게 실례가 됩니다.

______________ 을(를) 보여 주세요.

Please show me ______________.

Xin cho tôi xem ______________.

씬 쪼 또이 쎔

□ 이것	this	cài này	까이 나이
□ 저것	that	cài kia	까이 끼아
□ 티셔츠	T-shirt	áo thun	아오 툰
□ 선글라스	sunglasses	kính mắt	낀 맛

Q : 무얼 찾으십니까?

What can I do for you?

Anh(Chị) tìm gì?

아잉(찌) 띰 지

A : 스커트를 찾고 있는데요.

I'm looking for a skirt.

Tôi đang tìm váy.

또이 당 띰 바이

가게에 들어서서

(점원) 어서 오십시오.
What can I do for you?
Xin mời vào.
신 머이 바오

무얼 찾으십니까?
May I help you?
Anh(Chị) tìm gì?
아잉(찌) 띰 지

그냥 구경하는 겁니다.
I'm just looking.
Chỉ xem thôi.
찌 셈 토이

필요한 것이 있으시면 말씀하십시오.
If you need any help, let me know.
Nếu cần gì thì hãy gọi ạ.
네우 껀 지 티 하이 고이 아

물건을 찾을 때

여기 잠깐 봐 주시겠어요?
Hello. Can you help me?
Giúp tôi một chút nhé.
쥽 또이 못 쭛 녜

블라우스를 찾고 있습니다.
I'm looking for a blouse.
Tôi đang tìm áo sơ mi nữ.
또이 당 띰 아오 써 미 느

코트를 찾고 있습니다.
I'm looking for a coat.
Tôi đang tìm áo khoác.
또이 당 띰 아오 코악

운동화를 사고 싶은데요.
I want a pair of sneakers.
Tôi muốn mua giày thể thao.
또이 무온 무어 쟈이 테 타오

아내에게 선물할 것을 찾고 있습니다.
I'm looking for something for my wife.
Tôi đang tìm quà tặng cho vợ tôi.
또이 당 띰 꽈 땅 쪼 버 또이

캐주얼한 것을 찾고 있습니다.
I'd like something casual.
Tôi đang tìm quần áo bình thường.
또이 당 띰 꾸언 아오 빈 트엉

샤넬은 있습니까?
Do you have Chanel?
Có Chanel không?
꼬 샤넬 콩

선물로 적당한 것은 없습니까?
Could you recommend something good for a souvenir?
Không có gì thích hợp để làm quà tặng à?
콩 꼬 지 틱 헙 데 람 꽈 땅 아

구체적으로 찾는 물건을 말할 때

저걸 보여 주시겠어요?
Would you show me that one?
Cho tôi xem cái kia được không?
쪼 또이 셈 까이 끼아 드억 콩

면으로 된 것이 필요한데요.
I'd like something in cotton.
Tôi muốn sản phẩm bằng vải cotton.
또이 무온 산 펌 방 바이 코튼

이것과 같은 것은 있습니까?
Do you have any more like this?
Có cái giống cái này không?
꼬 까이 죵 까이 나이 콩

이것뿐입니까?
Is this all?
Chỉ có cái này thôi à?
찌 꼬 까이 나이 토이 아

이것 6호는 있습니까?
Do you have this in size six?
Cái này có size 6 không?
까이 나이 꼬 사이즈 사우 콩

30세 정도의 남자에게는 뭐가 좋을까요?
What do you suggest for a thirty-year-old man?
Cái gì tốt nhất cho đàn ông khoảng 30 tuổi?
까이 지 똣 녓 쪼 단 옹 쾅 바 므어이 뚜오이

UNIT 03

물건을 고를 때

가게에 들어가서 상품에 함부로 손을 대지 않도록 합시다. 보고 싶을 경우에는 옆에 있는 점원에게 부탁을 해서 꺼내오도록 해야 합니다.

이건 저에게 너무 ________________.
This is too ________________ for me.
Cái này đối với tôi quá ________________.
까이 나이 도이 버이 또이 꽈

□ 큽니다	big	lớn	런
□ 작습니다	small	nhỏ	뇨
□ 깁니다	long	dài	자이
□ 짧습니다	short	ngắn	응안

Q : 어떤 게 좋을까요?
Which one looks better?
Cái nào nhìn đẹp hơn?
까이 나오 닌 뎁 헌

A : 모두 어울립니다.
They both look good on you.
Tất cả đều đẹp ạ.
떳 까 데우 뎁 아

물건을 보고 싶을 때

✈ 그걸 봐도 될까요?
May I see it?
Tôi xem cái đó được không?
또이 쎔 까이 도 드억 콩

✈ 몇 가지 보여 주세요.
Could you show me some?
Hãy cho tôi xem mấy loại
하이 쪼 또이 쎔 머이 로아이

✈ 이 가방을 보여 주시겠어요?
Could you show me this bag?
Cho tôi xem túi này được không?
쪼 또이 셈 뚜이 나이 드억 콩

✈ 다른 것을 보여 주시겠어요?
Can you show me another one?
Có thể cho tôi xem cái khác được không?
꼬 테 쪼 또이 쎔 까이 칵 드억 콩

✈ 더 품질이 좋은 것은 없습니까?
Do you have anything of better quality?
Có cái nào chất lượng tốt hơn không?
꼬 까이 나오 쩟 르엉 똣 헌 콩

✈ 잠깐 다른 것을 보겠습니다.
I'll try somewhere else.
Tôi xem cái khác một chút.
또이 쎔 까이 칵 못 쭛

색상을 고를 때

✈ 무슨 색이 있습니까?
What kind of colors do you have?
Có màu gì?
꼬 마우 지

✈ 빨간 것은 있습니까?
Do you have a red one?
Có màu đỏ không?
꼬 마우 도 콩

✈ 너무 화려[수수]합니다.
This is too flashy[plain].
Cài này quá rực rỡ[đơn giản]
까이 나이 꽈 즉 저[던 쟌]

✈ 더 화려한 것은 있습니까?
Do you have a flashier one?
Có cái nào rực rỡ hơn không?
꼬 까이 나오 즉 저 헌 콩

✈ 더 수수한 것은 있습니까?
Do you have a plainer one?
Có cài nào đơn giản hơn không?
꼬 까이 나오 던 쟌 헌 콩

✈ 이 색은 좋아하지 않습니다.
I don't like this color.
Tôi không thích màu này.
또이 콩 틱 마우 나이

디자인을 고를 때

다른 스타일은 있습니까?
Do you have any other style?
Có kiểu khác không?
꼬 끼에우 칵 콩

어떤 디자인이 유행하고 있습니까?
What kind of style is now in fashion?
Thiết kế nào đang thịch hành?
티엣 께 나오 당 틱 하잉

이런 디자인은 좋아하지 않습니다.
I don't like this design.
Tôi không thích kiểu thiết kế này.
또이 콩 틱 끼에우 티엣 께 나이

다른 디자인은 있습니까?
Do you have any other design?
Có thiết kế khác không?
꼬 티엣 께 칵 콩

디자인이 비슷한 것은 있습니까?
Do you have one with a similar design?
Có thiết kế giống cái này không?
꼬 티엣 께 죵 까이 나이 콩

이 벨트는 남성용입니까?
Is this belt for men?
Cái thắt lưng dành cho đàn ông không?
까이 탓 릉 자잉 쪼 단 옹 콩

사이즈를 고를 때

어떤 사이즈를 찾으십니까?
What size are you looking for?
Quý khách muốn kích cỡ nào ạ?
뀌 칵 무온 끽 꺼 나오 아

사이즈는 이것뿐입니까?
Is this the only size you have?
Chỉ có kích cỡ này thôi à?
찌 꼬 끽 꺼 나이 토이 아

제 사이즈를 모르겠는데요.
I don't know my size.
Tôi không biết kích cỡ của mình.
또이 콩 비엣 끽 꺼 꾸어 밍

사이즈를 재 주시겠어요?
Could you measure me?
Anh(Chị) đo kích cỡ cho tôi được không?
아잉(찌) 도 끽 꺼 쪼 또이 드억 콩

더 큰 것은 있습니까?
Do you have a bigger one?
Có kích cỡ lớn hơn không?
꼬 끽 꺼 런 헌 콩

더 작은 것은 있습니까?
Do you have a smaller one?
Có kích cỡ nhỏ hơn không?
꼬 끽 꺼 뇨 헌 콩

품질에 대한 질문

✈ **재질은 무엇입니까?**
What's this made of?
Chất liệu là gì?
쩟 리에우 라 지

✈ **베트남제입니까?**
Is this made in Vietnam?
Cái này là sản phẩm Việt Nam phải không?
까이 나이 라 산 펌 비엣 남 파이 콩

✈ **질은 괜찮습니까?**
Is this good quality?
Chất lượng của cái này có tốt không?
쩟 르엉 꾸어 까이 나이 꼬 뜻 콩

✈ **이건 실크 100%입니까?**
Is this 100%(a hundred percent) silk?
Cái này 100% là lụa phải không?
까이 나이 못 짬 펀 짬 라 루어 파이 콩

✈ **이건 수제입니까?**
Is this hand-made?
Cái này là sản phẩm thủ công à?
까이 나이 라 산 펌 투 꽁 아

✈ **이건 무슨 향입니까?**
What's this fragrance?
Đây là mùi thơm gì vậy?
더이 라 무이 텀 지 버이

의복류		
양복	complê	껌플레
바지	quần	꾸언
와이셔츠	áo sơ mi	아오 서 미
넥타이	cà vạt	까 밧
재킷	áo khoác	아오 코악
스커트	chân váy	쩐 바이
원피스	váy liền	바이 리엔
투피스	váy rời	바이 저이
블라우스	áo sơ mi nữ	아오 서미 느
스웨터	áo len	아오 렌
셔츠	áo phông	아오 퐁
카디건	áo cardigan	아오 카디건
팬티	quần lót	꾸언 럿
브래지어	áo lót	아오 럿
스타킹	quần tất	꾸언 떳
양말	vớ	버

사이즈		
사이즈	kích cỡ / size	끽 꺼
큰	lớn	런
작은	nhỏ	뇨
긴	dài	자이
짧은	ngắn	응안
헐렁한	lỏng	롱
꽉 끼는	chật	쩟
(폭이) 좁은	hẹp	헵
넓은	rộng	종
(소재가) 두터운	dày	자이
얇은	mỏng	몽

무늬/소재/색상		
체크무늬	hoa văn kẻ sọc ca-rô	화 반 께 쏙 까 로
줄무늬	kẻ sọc	께 쏙
무지의	màu trơn	마우 쩐
옷감	vải áo	바이 아오
면	vải bông	바이 봉
견	lụa	루어
모	long cừu	롱 끄우
폴리에스테르	chất polyester	쩟 폴리에스테르
가죽	dạ (thuộc)	자 (투옥)
하얀색	màu trắng	마우 짱
빨간색	màu đỏ	마우 도
검정색	màu đen	마우 덴
파란색	màu xanh biển	마우 사잉 비엔
분홍색	màu hồng	마우 홍
갈색	màu nâu	마우 너우

구두/가방/액세서리		
숙녀화	giày da nữ	쟈이 자 느
신사화	giày da nam	쟈이 자 남
아동화	giày trẻ em	쟈이 쩨 엠
운동화	giày thể thao	쟈이 테 타오
하이힐	giày cao gót	쟈이 까오 것
로힐	giày gót thấp	쟈이 것 텁
핸드백	túi xách tay	뚜이 싸익 따이
숄더백	túi đeo vai	뚜이 데오 바이
클러치백	túi clutch	뚜이 클러치
보스턴백	túi boston	뚜이 보스턴
서류가방	cặp tài liệu	깝 따이 리우
목걸이	vòng cổ	벙 꺼
귀걸이	hoa tai	화 따이
브로치	ghim cài áo	김 까이 아오
반지	nhẫn	년
팔찌	vòng tay	봉 따이
안경	mắt kính	맛 낀
선글라스	kính mắt	낀 맛
벨트	thắt lưng	탓 릉
지갑	ví	비

기념품·화장품·편의용품		
죽제품	sảm phẩm làm bằng tre	산 펌 람 방 쩨
인형	búp bê	붑 베
귀걸이	hoa tai	화 따이
목걸이	vòng cổ	벙 꼬
부채	quạt tay	꾸앗 따이
민예품	sảm phẩm nghệ thuật dân gian	산 펌 예 투엇 전 쟌
핸드백	túi xách tay	뚜이 싸익 따이
칠기	sơn mài	썬 마이
그림엽서	bưu thiếp tranh	브우 띠엡 짜잉
도기	đồ sứ	도 쓰
장난감	đồ chơi	도 쩌이
분	phấn nước	펀 느억
립스틱	son môi	썬 모이
향수	nước hoa	느억 화
아세톤	aceton	아세톤
아이라이너	bút kẻ mắt	붓 께 맛
아이섀도	phấn mắt	펀 맛
방취제	chất khử mủi	쩟 크 무이
손톱깎이	bấm móng tay	범 몽 따이
면도기	máy cạo râu	마이 까오 러우
면도날	lưỡi dao cạo râu	르어이 자오 까오 러우
비누	xà phòng	싸 퐁
칫솔	bàn chải đánh răng	반 짜이 다잉 랑
치약	kem đánh rang	껨 다잉 랑
화장지	giấy trang điểm	져이 짱 디엠
빗	lược	르억

문방구		
볼펜	bút bi	붓 비
만년필	bút máy	붓 마이
샤프펜슬	bút chì kim	붓 찌 낌
수첩	sổ tay	쏘 따이
편지지	giấy viết thư	져이 비엣 트
봉투	phong bì	퐁 비
캘린더	lịch	릭
트럼프	bộ bài	보 바이

식료품		
맥주	bia	비어
주스	nước ép	느억 엡
우유	sữa	쓰어
요구르트	sữa chua	쓰어 쭈어
초콜릿	sô-cô-la	쇼 꼴 라
껌	kẹo cao su	께오 까오 수
커피	cà phê	까 페
홍차	hồng trà	홍 짜
통조림	đồ hộp	도 헙
라면	mỳ ăn liền	미 안 리엔

전자제품·사진

전기밥솥	nồi cơm điện	노이 껌 디엔
다리미	bàn ủi khô	반 우이 코
시계	đồng hồ	동 호
손목시계	đồng hồ đeo tay	동 호 데오 따이
전지	pin	삔
전기면도기	máy cạo râu điện	마이 까오 러우 디엔
자명종	đồng hồ báo thức	동 호 바오 특
전자계산기	máy tính điện tử	마이 띤 디엔 뜨
믹서	máy xay sinh tố	마이 싸이 씬 또
컴퓨터	máy vi tính	마이 비 띤
노트북	máy tính xách tay	마이 띤 싸익 따이
라디오	máy ra-đi-o	마이 라디오
라디오카세트	máy cát-sét	마이 카세트
비디오	máy video	마이 비디오
텔레비전	tivi	띠비
리모콘	điều khiển tử xa	디에우 키엔 뜨 싸
에어컨	máy lạnh	마이 라잉
카메라	máy ảnh	마이 아잉
무비카메라	máy quay phim	마이 꾸아이 핌
필름	cuộn phim	꾸온 핌
흑백	đen trắng	덴 짱
컬러	màu	마우
현상	tráng phim	짱 핌
확대	phóng to	펑 떠
인화	in ảnh	인 아잉
필터	kính lọc	낀 록

옷과 신발		
양복	complê	껌플레
신사복	áo quần đàn ông	아오 꾸언 단 옹
블라우스	áo sơ mi nữ	아오 서 미 느
단추	nút áo	눗 아오
넥타이	cà vạt	까 밧
겉옷	áo ngoài	아오 응오아이
속옷	đồ lót	도 롯
스커트	chân váy	쩐 바이
속치마	váy lót	바이 롯
바지	quần	꾸언
코트	áo khoác	아오 코악
재킷	áo khoác jacket	아오 코악 재킷
잠옷	quần áo ngủ	꾸언 아오 응우
스카프	khăn quàng cổ	칸 꾸앙 꼬
장갑	găng tay	강 따이
손수건	khăn tay	칸 따이
양말	vớ	버
스타킹	quần tất	꾸언 땃
벨트	thắt lưng	탓 릉
주머니	túi quần áo	뚜이 꾸언 아오
소매	tay áo	따이 아오
칼라	cổ áo	꼬 아오
구두•신발	giày	쟈이
슬리퍼	dép lê	젭 레
부츠	giày cổ cao	쟈이 꼬 까오
샌들	dép xăng đan	젭 쌍 단

귀금속 • 책 • 문구류와 완구		
다이아몬드	kim cương	낌 끄엉
에메랄드	ngọc lục bảo	응옥 룩 바오
진주	ngọc trai	응옥 짜이
금	vàng	방
책	sách	싸익
사전	từ điển	뜨 디엔
신문	tờ báo	떠 바오
잡지	tạp chí	땁 찌
지도	bản đồ	반 도
도로지도	bản đồ đường sá	반 도 드엉 싸
안내서	sách hướng dẫn	싸익 흐엉 전
노트	quyển vở	꾸옌 버
볼펜	bút bi	붓 비
연필	bút chì	붓 찌
지우개	cục tẩy	꾹 떠이
만년필	bút máy	붓 마이
샤프펜슬	bút chì kim	붓 찌 낌
풀	hồ dán	호 잔
봉투	phong bì	퐁 비
편지지	giấy viết thư	져이 비엣 트
엽서	bưu thiếp	브우 띠엡
그림엽서	bưu thiếp tranh	브우 띠엡 짜잉
카드(트럼프)	bộ bài	보 바이
가위	kéo	께오
끈	dây	저이
캘린더	lịch	릭
레코드	máy hát	마이 핫
테이프	băng ghi âm	방 기 엄

UNIT 04

백화점·면세점에서

백화점은 가장 안전하고 좋은 물건을 구입할 수 있는 곳입니다. 또한 저렴하게 좋은 물건을 구입할 수 있는 곳으로는 국제공항의 출국 대합실에 Miễn thuế라는 간판을 내걸고 술, 향수, 보석, 담배 등을 파는 면세점이 있습니다. 나라나 도시에 따라서는 시내에도 공인 면세점이 있어 해외여행자의 인기를 모으고 있습니다.

__________ 은(는) 몇 층에 있습니까?

What floor is __________ on?

__________ ở tầng mấy?

어 떵 머이

□ 남성복	men's wear	quần áo nam	꾸언 아오 남
□ 여성복	women's wear	quần áo nữ	꾸언 아오 느
□ 장난감	toy	đồ chơi	도 쩌이
□ 화장품	cosmetics	mỹ phẩm	미 펌

Q : 선물용 술을 찾고 있는데요.

I'm looking for liquor for a souvenir.

Tôi đang tìm rượu để làm quà tặng.

또이 당 띰 즈어우 데 람 꽈 땅

A : 여권을 보여 주시겠어요?

May I see your passport?

Vui lòng cho tôi xem hộ chiếu.

부이 롱 쪼 또이 쎔 호 찌우

매장을 찾을 때

신사복 매장은 몇 층입니까?
What floor is men's wear on?
Cửa hàng quần áo nam ở tầng mấy?
끄어 항 꾸언 아오 남 어 떵 머이

여성용 매장은 어디에 있습니까?
Where's the ladies' department?
Cửa hàng quần áo nữ ở tầng mấy?
끄어 항 꾸언 아오 느 어 떵 머이

화장품은 어디서 살 수 있습니까?
Where do you sell cosmetics?
Tôi có thể mua mỹ phẩm ở đâu?
또이 꼬 테 무어 미 펌 어 더우

저기에 디스플레이 되어 있는 셔츠는 어디에 있습니까?
Where can I find that shirt?
Chiếc áo sơ mi kia ở đâu?
찌엑 아오 서 미 끼아 어 더우

세일하는 물건을 찾고 있습니다.
I'm looking for some bargains.
Tôi đang tìm mặt hàng giảm giá.
또이 당 띰 맛 항 쟘 쟈

선물은 어디서 살 수 있나요?
Where can I buy some souvenirs?
Tôi có thể mua quà ở đâu?
또이 꼬 테 무어 꽈 어 더우

물건을 고를 때

✈ 다른 상품을 보여 주세요.

Please show me another one.

Cho tôi xem sản phẩm khác.

쪼 또이 쎔 산 펌 칵

✈ 예산은 어느 정도이십니까?

How much would you like to spend?

Anh(Chị) dự toán chi phí bao nhiêu?

아잉(찌) 즈 또안 찌 피 바오 니에우

✈ 신상품은 어느 것입니까?

Which are brand-new items?

Cái nào là sản phẩm mới à?

까이 나오 라 산 펌 머이 아

✈ 손질은 어떻게 하면 됩니까?

How do you take care of this?

Tôi muốn biết cách giữ gìn cái này

또이 무온 비엣 까익 지으 진 까이 나이

✈ 이것은 어느 브랜드입니까?

What brand is this?

Đây là thương hiệu gì vậy?

더이 라 트엉 히에우 지 버이

면세점에서

✈ 면세점은 어디에 있습니까?
Where's a duty free shop?
Cửa hàng miễn thuế ở đâu?
끄어 항 미엔 투에 어 더우

✈ 얼마까지 면세가 됩니까?
How much duty free can I buy?
Được miễn thuế khoảng bao nhiêu?
드억 미엔 투에 쾅 바오 니에우

✈ 어느 브랜드가 좋겠습니까?
What brand do you suggest?
Thương hiệu nào tốt hơn?
트엉 히에우 나오 뜻 헌

✈ 이 가게에서는 면세로 살 수 있습니까?
Can I buy things duty free here?
Có thể mua miễn thuế ở cửa hàng này không?
꼬 테 무어 미엔 투에 어 끄어 항 나이 콩

✈ 여권을 보여 주십시오.
May I have your passport, please?
Vui lòng cho tôi xem hộ chiếu.
부이 롱 쪼 또이 쎔 호 찌에우

✈ 비행기를 타기 전에 수취하십시오.
Receive before boarding.
Hãy nhận trước khi lên máy bay.
하이 녇 쯔억 키 렌 마이 바이

UNIT 05

물건값을 계산할 때

거의 모든 가게에서 현금, 신용카드, 여행자수표 등으로 물건값을 계산할 수 있지만, 여행자수표를 사용할 때는 여권 제시를 요구하는 가게도 있습니다. 번잡한 가게나 작은 가게에서는 여행자수표를 꺼리는 경우도 있습니다.

_______________ 은(는) 받습니까?

Do you accept _______________ ?

Có nhận _______________ không ?

꼬 년 콩

□ 신용카드	credit card	thẻ tín dụng	테 띤 중
□ 여행자수표	traveler's checks	séc du lịch	쎅 쥬 릭
□ 비자	Visa	thẻ Visa	테 비자
□ 마스터카드	MasterCard	thẻ Master	테 마스터

Q : 얼마입니까?

How much is this?

Cái này là bao nhiêu?

까이 나이 라 바오 니에우

A : 20000동입니다.

It's VND 20,000.

20,000 đồng.

하이 므어이 응인 동

가격을 물을 때

✈ 계산은 어디서 합니까?

Where is the cashier?

Thanh toán ở đâu?

타잉 또안 어 더우

✈ 전부 해서 얼마가 됩니까?

How much is it all together?

Tất cả bao nhiêu?

떳 까 바오 니에우

✈ 하나에 얼마입니까?

How much for one?

Một cái bao nhiêu?

못 까이 바오 니에우

✈ (다른 상품의 가격을 물을 때) 이건 어때요?

How about this one?

Cái này bao nhiêu?

까이 나이 바오 니에우

✈ 이건 세일 중입니까?

Is this on sale?

Cái này đang giảm giá phải không?

까이 나이 당 쟘 쟈 파이 콩

✈ 세금이 포함된 가격입니까?

Does it include tax?

Giá này đã bao gồm thuế chưa?

쟈 나이 다 바오 곰 투에 쯔어

가격을 깎을 때

너무 비쌉니다.
It's too expensive.
Đắt quá.
닷 꽈

깎아 주시겠어요?
Can you give a discount?
Giảm giá được không?
잠 자 드억 콩

더 싼 것은 없습니까?
Anything cheaper?
Không có cái nào rẻ hơn à?
콩 꼬 지 나오 제 헌 아

더 싸게 해 주실래요?
Will you take less than that?
Anh(Chị) có thể giảm rẻ hơn cho tôi không?
아잉(찌) 꼬 테 잠 제 헌 쪼 또이 콩

깎아주면 사겠습니다.
If you discount, I'll buy.
Nếu giảm giá thi tôi sẽ mua.
네우 잠 자 티 또이 쎄 무어

현금으로 지불하면 더 싸게 됩니까?
Do you give discounts for cash?
Nếu trả bằng tiền mặt thì anh(chị) bán rẻ hơn được không?
네우 짜 방 띠엔 맛 티 아잉(찌) 반 제 헌 드억 콩

구입 결정과 지불 방법

이걸로 하겠습니다.
I'll take this.
Tôi chọn cái này.
또이 쫀 까이 나이

이것을 10개 주세요.
I'll take ten of these.
Cho tôi 10 cái này.
쪼 또이 므어이 까이 나이

지불은 어떻게 하시겠습니까?
How would you like to pay?
Thanh toán thế nào?
타잉 또안 테 나오

카드도 됩니까?
May I use a credit card?
Thẻ tín dụng có được không?
테 띤 중 꼬 드억 콩

여행자수표도 받나요?
Can I use traveler's checks?
Séc du lịch có được không?
쎅 쥬 릭 꼬 드억 콩

영수증을 주시겠어요?
Could I have a receipt?
Hãy cho tôi hóa đơn.
하이 쪼 또이 화 던

UNIT 06

포장·배송을 원할 때

구입한 물건을 들 수 없는 경우에는 호텔까지 배달을 부탁합니다. 한국으로 직접 배송을 원하는 경우에는 항공편인지 선편인지 확인하는 것을 잊지 말아야 합니다. 선편이라면 한국까지 1개월 이상 걸립니다. 빠른 것을 원할 경우에는 항공회사나 국제택배 등을 이용하는 것이 좋을 것입니다.

이것을 ________ (으)로 보내 주시겠어요?
Could you send this to ________ ?
Hãy gửi cái này đến ________ ?
하이 그이 까이 나이 덴

□ 제 호텔	my hotel	khách sạn của toi	칵 산 꾸어 또이
□ 이 주소	this address	địa chỉ này	디아 찌 나이
□ 한국	Korea	Hàn Quốc	한 꾸옥
□ 서울	Seoul	Seoul	서울

Q : 따로따로 싸 주세요.
Please wrap them separately.
Hãy gói riêng ra cho tôi.
하이 고이 리엥 자 쪼 또이

A : 알겠습니다.
Oh, okay.
Vâng ạ.
벙 아

포장을 부탁할 때

봉지를 주시겠어요?
Could I have a bag?
Có thể cho tôi túi được không?
꼬 테 쪼 또이 뚜이 드억 콩

봉지에 넣기만 하면 됩니다.
Just put it in a bag, please.
Hãy bỏ cái này vào túi giúp tôi.
하이 보 까이 나이 바오 뚜이 즙 또이

이걸 선물용으로 포장해 주시겠어요?
Can you gift-wrap this?
Gói cái này để làm quà tặng được không?
고이 까이 나이 데 람 꽈 땅 드억 콩

따로따로 포장해 주세요.
Please wrap them separately.
Hãy gói riêng ra cho tôi.
하이 고이 리엥 자 쪼 또이

이거 넣을 박스 좀 얻을 수 있나요?
Is it possible to get a box for this?
Tôi có thể lấy cái hộp để đựng cái này vào được không?
또이 꼬 테 러이 까이 홉 데 증 까이 나이 바오 드억 콩

이거 포장할 수 있나요? 우편으로 보내고 싶은데요.
Can you wrap this up? I want to send it by mail.
Có thể đóng gói cái này được không? Tôi muốn gửi qua bưu điện.
꼬 테 동 고이 까이 나이 드억 콩 또이 무온 그이 꽈 브우 디엔

배달을 원할 때

✈ 이걸 ○○호텔까지 갖다 주시겠어요?

Could you send this to ○○Hotel?

Gửi cái này đến Khách sạn ○○ được không?

그이 까이 나이 덴 칵 산 ○○ 드억 콩

✈ 오늘 중으로[내일까지] 배달해 주었으면 하는데요.

I'd like to have it today[by tomorrow].

Anh(Chị) có thể giao hàng trong hôm nay[ngày mai] được không?

아잉(찌) 꼬 테 쟈오 항 쫑 홈 나이[응아이 마이] 드억 콩

✈ 언제 배달해 주시겠습니까?

When would it arrive?

Khi nào có thể giao hàng được?

키 나오 꼬 테 쟈오 항 드억

✈ 별도로 요금이 듭니까?

Is there an extra charge for that?

Có phải trả thêm tiền không?

꼬 파이 짜 템 띠엔 콩

✈ 이 카드를 첨부해서 보내 주세요.

I'd like to send it with this card.

Làm ơn đính kèm thẻ này và gửi cho tôi.

람 언 딘 껨 테 나이 바 그이 쪼 또이

✈ 이 주소로 보내 주세요.

Please send it to this address.

Hãy gửi tới địa chỉ này.

하이 그이 떠이 디아 찌 나이

배송을 원할 때

✈ 이 가게에서 한국으로 발송해 주시겠어요?
Could you send this to Korea from here?
Anh có thể gửi đến Hàn Quốc không?
아잉 꼬 테 그이 덴 한 꾸옥 콩

✈ 한국 제 주소로 보내 주시겠어요?
Could you send it to my address in Korea?
Làm ơn gửi đến địa chỉ của tôi ở Hàn Quốc.
람 언 그이 덴 디아 찌 꾸어 또이 어 한 꾸옥

✈ 항공편으로 부탁합니다.
By air mail, please.
Hãy gửi bằng đường hàng không.
하이 그이 방 드엉 항 콩

✈ 선편으로 부탁합니다.
By sea mail, please.
Hãy gửi bằng đường biển.
하이 그이 방 드엉 비엔

✈ 한국까지 항공편으로 며칠 정도 걸립니까?
How long does it take to reach Korea by air mail?
Nếu gửi đến Hàn Quốc bằng đường hàng không thì mất mấy ngày.
네우 그이 덴 한 꾸옥 방 드엉 항 콩 티 멋 머이 응아이

✈ 항공편으로 얼마나 듭니까?
How much does it cost by air mail?
Nếu gửi bằng đường hàng không thì bao nhiêu tiền?
네우 그이 방 드엉 항 콩 티 바오 니에우 띠엔

UNIT 07

물건에 대한 클레임

가게에 클레임을 제기할 때는 감정적으로 대하지 말고 침착하게 요점을 말해야 합니다. 보통 한번 돈을 지불해 버리면 흠집이 났거나 더럽더라도 구입한 고객의 책임이 되어 버립니다. 사기 전에 물건을 잘 확인합시다. 교환을 원할 경우 영수증이 있어야 하므로 없애지 않도록 합니다. 환불은 특별한 경우가 아니면 어려운 것이 한국과 마찬가지입니다.

(물건의 하자를 지적할 때) ______________.

It's ______________.

Cái này bị ______________.

까이 나이 비

□	더럽습니다	dirty	bẩn	번
□	망가졌습니다	broken	hỏng	홍
□	찢어졌습니다	ripped	rách	자익
□	금이 갔습니다	cracked	rạn nứt	잔 늣

Q : 여기에 흠집이 있습니다.

It's damaged here.

Có vết xước ở đây.

꼬 벳 쓰억 어 더이

A : 어디 보여 주십시오.

Show me.

Cho tôi xem.

쪼 또이 쎔

구입한 물건을 교환할 때

여기에 얼룩이 있습니다.
I found a stain here.
Ở đây có vết bẩn.
어 더이 꼬 벳 번

새것으로 바꿔 드리겠습니다.
I'll get you a new one.
Tôi sẽ đổi cho anh(chị) cái mới.
또이 쎄 도이 쪼 아잉(찌) 까이 머이

구입 시에 망가져 있었습니까?
Was it broken when you bought it?
Khi mua đã hỏng chua?
키 무어 다 홍 쯔어

샀을 때는 몰랐습니다.
I didn't notice it when I bought it.
Tôi đã không biết khi mua cái này.
또이 다 콩 비엣 키 무어 까이 나이

사이즈가 안 맞았어요.
This size doesn't fit me.
Tôi không mặc vừa cỡ này.
또이 콩 막 브어 꺼 나이

다른 것으로 바꿔 주시겠어요?
Can I exchange it for another one?
Tôi có thể đổi sang cái khác được không?
또이 꼬 테 도이 상 까이 칵 드억 콩

구입한 물건을 반품할 때

✈ 어디로 가면 됩니까?

Where should I go?

Tôi phải đi đâu?

또이 파이 디 더우

✈ 반품하고 싶은데요.

I'd like to return this.

Tôi muốn trả lại hàng này.

또이 무온 짜 라이 항 나이

✈ 전혀 쓰지 않았습니다.

I haven't used it at all.

Tôi hoàn toàn chưa sử dụng.

또이 호안 또안 쯔어 쓰 중

✈ 가짜가 하나 섞여 있었습니다.

I found a fake included.

Đồ này đã bị trộn cả hàng giả.

도 나이 다 비 쫀 까 항 쟈

✈ 영수증은 여기 있습니다.

Here is a receipt.

Hóa đơn đây ạ.

화 던 더이 아

✈ 어제 샀습니다.

I bought it yesterday.

Tôi mua hôm qua.

또이 무어 홈 꽈

환불 · 배달사고

✈ 환불해 주시겠어요?

Can I have a refund?

Cho tôi lấy lại tiền được không?

쪼 또이 러이 라이 띠엔 드억 콩

✈ 산 물건하고 다릅니다.

This is different from what I bought.

Cái này khác với đồ tôi đã mua.

까이 나이 칵 버이 도 또이 다 무어

✈ 구입한 게 아직 배달되지 않았습니다.

I haven't got what I bought yet.

Tôi chưa nhận được đồ tôi mua.

또이 쯔어 년 드억 도 또이 무어

✈ 대금은 이미 지불했습니다.

I already paid.

Tôi đã thanh toán rồi.

또이 다 타잉 또안 조이

✈ 수리해 주시든지 환불해 주시겠어요?

Could you fix it or give me a refund?

Anh(Chị) có thể sửa cho tôi hay trả lại tiền được không?

아잉(찌) 꼬 테 쓰어 쪼 또이 하이 짜 라이 띠엔 드억 콩

✈ 계산이 틀린 것 같습니다.

I think your calculation is wrong.

Hình như tính toán sai rồi.

힌 느 띤 또안 싸이 조이

치수와 색상		
사이즈	kích cỡ / size	끽 꺼 / 사이즈
크다	lớn	런
작다	nhỏ	뇨
길다	dài	자이
짧다	ngắn	응안
헐겁다	lỏng	롱
꽉 끼다	chật	쩟
좁다	hẹp	헵
넓다	rộng	롱
두텁다	dày	자이
얇다	mỏng	몽
무겁다	nặng	낭
가볍다	nhẹ	녜
둥글다	tròn	쫀
네모나다	hình vuông	힌 부옹
색깔	màu sắc	마우 싹
검다	màu đen	마우 덴
하얗다	màu trắng	마우 짱
노랗다	màu vàng	마우 방
빨갛다	màu đỏ	마우 도
파랗다	màu xanh biển	마우 싸잉 비엔
녹색	màu xanh lá cây	마우 싸잉 라 꺼이
갈색	màu nâu	마우 너우
회색	màu xám	마우 쌈
보라색	màu tím	마우 띰
밝은색	máu sáng	마우 쌍
수수한	bình thường	빈 트엉
화려한	sang trọng	쌍 쫑

방문·전화·우편

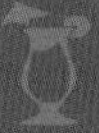

통신 · 은행에 관한 정보

국제전화

호텔교환에 신청하거나 국제자동전화를 이용할 수 있다.
국제자동전화 이용할 때는

① 여행국의 국제자동전화 식별번호
② 우리나라 국가번호(82)
③ 국가내의 지역번호(첫자리 숫자 0은 생략)
④ 가입자 번호

순으로 다이얼을 돌려야 된다.

로밍

국내에서 쓰던 휴대폰을 해외에서도 사용 가능하게 해 주는 서비스이다. 요새는 스마트폰이 대중화되고 로밍도 예전보다 쉬워지면서 해외에 나갈 때 본인의 스마트폰을 로밍해서 그대로 가져가서 이용하고 전화도 자유롭게 쓰는 경우가 많아졌다. 보통은 타 국가의 이동통신회사의 통신망을 대여해서 이용한다. 예전에는 로밍폰을 따로 대여해야 했으나 현재는 이용하는 폰에서 자동으로 로밍이 된다. 다만 요금이 매우 비싸므로, 로밍 데이터 무제한 요금제를 사용하거나, LTE 라우터를 임대하여 쓰거나, 데이터 로밍을 차단하고 와이파이에서만 인터넷을 이용하는 등의 방법을 사용하는 것이 좋다. 또한 로밍은 발신전화뿐 아니라 수신전화도 요금이 부과되므로 이 점을 반드시 유의하여야 한다.

해외에서 우편을 보낼 때

해외에서 친구나 가족에게 편지를 보내는 것도 해외여행의 즐거움의 하나이다. 굳이 영어를 쓰지 않아도 우리나라로 보낼 때는 「BY AIRMAIL(SEAMAIL) TO KOREA」 이외는 우리말로 써도 된다.

○공항 우체국을 이용할 때

공항 우체국에서 보내면 빠르고 확실하게 우리나라로 도착한다. 또 호텔 안에 있는 우표자동판매기의 경우는 수수료가 있기 때문에 우표를 많이 살 때는 우체국에 가서 직접 사는 것이 좋다.

신용카드

신용카드는 현금과 같이 통용된다. 국제적인 신용카드(Credit Card)로는 아메리칸 익스프레스, 다이너스, 비자, 마스터카드 등이 있다. 신용카드는 신분 증명용, 렌터카 사용, 호텔 체크인 등에 꼭 필요하므로 1장 정도는 준비해서 가져가자. 또 가맹점에서는 현금 대신 사용할 수 있고 현지 화폐로 환전할 필요가 없어서 덜 번거롭다. 숙박료나 고액의 쇼핑 등은 카드로 지불하고, 현금은 소액만 가지고 다니는 것이 안전하다.

여행자수표 사용방법

수표에는 상단과 하단의 두 곳에 사인란이 있는데, 도난과 분실에 대비해서 구입 즉시 수표 상단에 사인을 하고 수표번호를 별도로 기록해 두는 것이 중요하다. 사용할 때에는 여권을 소지하고 상대방이 보는 앞에서 하단의 사인란에 사인을 한다. 은행이나 환전소에서 언제나 현금과 바꿀 수 있으며 사용한 거스름돈은 언제든지 현금이 된다. 남은 T/C는 은행에서 원화로 재환전하거나 외화 예금도 가능하다.

UNIT 01

방문할 때

집에 초대받으면 약속 시간보다 조금 늦게 가는 것이 기본적인 매너입니다. 한국에서 가져온 조그만 물건을 선물로 가져가는 것도 좋을 것입니다. 집안으로 안내받아 들어가서 가구의 취향 등을 칭찬해 주면 즐거워합니다. 또한 질문을 받으면 대답할 수 있도록 자신의 직업이나 한국의 문화에 대해 어느 정도의 단어는 알아 두는 것이 좋습니다.

(초대에 대한 감사) ________ 고맙습니다.
Thanks ________ .
Cảm ơn ________ .
깜 언

□ 모두	everyone	tất cả mọi người	떳 까 모이 응어이
□ 환대해 줘서	for your wonderful hospitality	vì sự đón tiếp nồng nhiệt	비 쓰 던 띠엡 농 니엣
□ 초대해 줘서	for inviting me	vì đã mời tôi	비 다 머이 또이

Q : 초대해 주셔서 고맙습니다.
Thanks for inviting me over.
Cảm ơn vì đã mời tôi
깜 언 비 다 머이 또이

A : 잘 오셨습니다.
I'm so glad you could make it.
Rất vui được gặp anh(chị).
젓 부이 드억 갑 아잉(찌)

함께 식사하기를 권유할 때

✈ 함께 점심 식사나 하시겠어요?
How about having lunch with me?
Anh(Chị) ăn trưa với tôi nhé?
아잉(찌) 안 쯔어 버이 또이 녜

✈ 오늘 밤에 저와 저녁 식사하시겠어요?
Why don't you have dinner with me tonight?
Tối này anh(chị) đi ăn tối với tôi nhé?
또이 나이 아잉(찌) 디 안 또이 버이 또이 녜

✈ 제가 대접하겠습니다.
Let me treat you to dinner.
Tôi sẽ chiêu đãi.
또이 쎄 찌에우 다이

✈ 한잔 어떻습니까?
How about a drink?
Uống một ly nhé?
우옹 못 리 녜

✈ 언제 시간이 있습니까?
When do you have free time?
Khi nào anh(chị) có thời gian?
키 나오 아잉(찌) 꼬 터이 쟌

✈ 당신이 와 주셨으면 합니다.
I'd like to have you come over.
Anh(Chị) đến được thì tốt biết mấy.
아잉(찌) 덴 드억 티 뜻 비엣 머이

초대에 응하거나 거절할 때

✈ 몇 시가 좋습니까?

What's a good time for you?

Mấy giờ thì tiện nhất?

머이 져 티 띠엔 녓

✈ 어느 때라도 좋아요.

It's fine anytime.

Lúc nào cũng được.

룩 나오 꿍 드억

✈ 고맙습니다. 기꺼이 그러죠.

Thank you. I'd like to.

Cảm ơn, tôi rất vui.

깜 언 또이 젓 부이

✈ 꼭 가고 싶습니다.

I'll make sure to be there.

Tôi muốn đi lắm.

또이 무온 디 람

✈ 가고 싶지만, 시간이 없습니다.

I want to come, but I have no time.

Tôi muốn đi nhưng không có thời gian.

또이 무온 디 능 콩 꼬 터이 잔

✈ 죄송하지만, 선약이 있습니다.

Sorry, but I have a previous engagement.

Xin lỗi nhưng tôi đã có hẹn trước rồi.

신 로이 능 또이 다 꼬 헨 쯔억 조이

초대받아 방문할 때

✈ 와 주셔서 감사합니다.

Thank you for coming.

Cảm ơn anh(chị) đã đến.

깜 언 아잉(찌) 다 덴

✈ 약소합니다.

This is a little something for you.

Tuy ít nhưng xin hãy nhận lấy cho tôi.

뚜이 잇 능 신 하이 년 러이 쪼 또이

✈ 요리를 잘하시는군요!

You're a great cook!

Anh(Chị) nấu ăn giỏi quá.

아잉(찌) 너우 안 져이 꽈

✈ 정말 배가 부릅니다.

I'm really full.

Tôi thật sự rất no bụng rồi.

또이 텃 스 젓 노 붕 조이

✈ 화장실 좀 갈 수 있을까요?

May I use the rest room?

Tôi có thể đi ngoài không?

또이 꼬 테 디 응오아이 콩

✈ 이만 가 보겠습니다.

I must be going now.

Bây giờ tôi phải đi rồi.

버이 져 또이 파이 디 조이

UNIT **02**

전화를 이용할 때

전화를 걸 때는 반드시 Alô, đây là Kim, Cho tôi gặp anh(chị) Nguyên. 라고 먼저 자신의 신분을 밝히고 전화통화를 할 상대를 부탁합니다. 전화를 받을 때는 우선 Alô, đó là công ty Lotte.라고 자신의 이름이나 회사의 이름 등을 밝혀 상대가 확인하는 수고를 덜어주는 것도 좋습니다.

여보세요. ______________ 입니까?
Hello. Is this ______________ ?
Xin chào. Đây là ______________ phải không?
신 짜오 도 라 ______________ 파이 콩

□	○○호텔	○○Hotel	Khách sạn○○	칵 산○○
□	응우옌 씨	Mr. Nguyen	Anh(Ông) Nguyên	아잉(옹) 응우옌
□	쩐 씨	Ms. Tran	Chị(Bà) Trần	찌(바) 쩐
□	레 씨 댁	Le's house	Nhà anh(chị) Lê	냐 아잉(찌) 레

Q : 공중전화 카드는 어디서 사나요?
Where can I get a calling card?
Mua thẻ điện thoại công cộng ở đâu?
무어 테 디엔 토아이 꽁 꽁 어 더우

A : 여기서도 팝니다.
We sell them here.
Ở đây cũng bán.
어 더이 꿍 반

공중전화를 이용할 때

✈ 이 근처에 공중전화는 있습니까?

Is there a pay phone around here?

Gần đây có điện thoại công cộng không?

건 더이 꼬 디엔 토아이 꽁 꽁 콩

✈ 이 전화로 시외전화를 할 수 있나요?

Can I make a long-distance call from this phone?

Điện thoại này có thể gọi ra ngoại thành được không?

디엔 토아이 나이 꼬 테 고이 자 응오아이 타잉 드억 콩

✈ 이 전화로 한국에 걸 수 있나요?

Can I make a call to Korea on this phone?

Điện thoại này có thể gọi về Hàn Quốc được không?

디엔 토아이 나이 꼬 테 고이 베 한 꾸옥 드억 콩

✈ 먼저 동전을 넣으십시오.

You put the coins in first.

Vui lòng nhét đồng xu vào máy.

부이 롱 녯 동 쑤 바이 마이

✈ 얼마 넣습니까?

How much do I put in?

Nhét vào bao nhiêu?

녯 바오 바오 니에우

✈ 전화카드를 주세요.

Can I have a telephone card?

Cho tôi thẻ điện thoại.

쪼 또이 테 디엔 토아이

전화를 걸 때

✈ 한국으로 전화를 하려면 어떻게 하면 됩니까?

What should I do to call Korea?

Nếu muốn gọi điện thoại về Hàn Quốc thì phải làm thế nào?

네우 무온 고이 디엔 토아이 베 한 꾸옥 티 파이 람 테 나오

✈ 한국으로 컬렉트콜로 걸고 싶은데요.

I need to make a collect call to Korea.

Tôi muốn gọi điện thoại người nghe trả tiền về Hàn Quốc.

또이 무온 고이 디엔 토아이 응어이 응에 짜 띠엔 베 한 꾸옥

✈ 하노이의 지역번호는 몇 번입니까?

What's the area code for Hanoi?

Mã vùng điện thoại của Hà Nội là số mấy?

마 붕 디엔 토아이 꾸어 하노이 라 쏘 머이

✈ 한국으로 국제전화를 부탁합니다.

I'd like to make a call to Korea, please.

Tôi muốn gọi điện thoại quốc tế về Hàn Quốc.

또이 무온 고이 디엔 토아이 꾸옥 떼 베 한 꾸옥

✈ 내선 28번으로 돌려주세요.

Extension 28(twenty-eight), please.

Cho tôi gặp số nội bộ 28.

쪼 또이 갑 쏘 노이 보 하이 땀

✈ 여보세요, 롯데 하노이 호텔이지요?

Hello, is this the Swiss Lotte Ha Noi Hotel?

Xin chào. Khách sạn Lotte Hà Nội phải không?

신 짜오 칵 산 롯떼 하 노이 파이 콩

✈ 응우옌 씨를 부탁합니다.

May I speak to Mr. Nguyen?

Tôi muốn nói chuyện điện thoại với anh Nguyên.

또이 무온 노이 쭈옌 디엔 토아이 버이 아잉 응우옌

✈ 여보세요, 응우옌 씨입니까?

Hello. Is this Mr. Nguyen?

Alo, anh Nguyên phải không?

알로 아잉 응우옌 파이 콩

전화를 받을 때

✈ 잠시 기다려 주시겠습니까?

Would you like to hold?

Xin hãy đợi một chút.

신 하이 더이 못 쭛

✈ 전언을 부탁할 수 있습니까?

Would you take a message?

Tôi có thể để lại lời nhắn được không?

또이 꼬 테 데 라이 러이 냔 뜨억 콩

✈ 좀 더 천천히 말씀해 주십시오.

Could you speak a little slower?

Xin hãy nói chậm hơn một chút.

신 하이 노이 쩜 헌 못 쭛

✈ 전화 고마웠습니다.

Thank you for your call.

Xin cảm ơn anh(chị) đã gọi điện.

신 깜 언 아잉(찌) 다 고이 디엔

UNIT 03

우편을 이용할 때

우표는 우체국 이외에 호텔의 프런트나 매점, 자동판매기 등에서 살 수 있습니다. 부치는 것은 호텔의 프런트에 부탁하거나 큰 호텔은 우체통이 있으므로 직접 넣으면 됩니다. 소포는 우체국에서 발송합니다.

_______________ (으)로 부탁합니다.
_______________, please.
Xin gửi _______________ nhé.
씬 그이 녜

□	항공편	By air mail	bằng đường hàng không	방 드엉 항 콩
□	선편	By sea mail	bằng đường biển	방 드엉 비엔
□	속달	Express mail	dịch vụ chuyển phát nhanh	직 부 주옌 팟 냐잉
□	등기	Registered mail	bưu phẩm bảo đảm	브우 펌 바오 담

Q : 우체통은 어디에 있습니까?
Where's the mailbox?
Thùng thư ở đâu ạ?
퉁 트 어 더우 아

A : 로비에 있습니다.
There's one in the lobby.
Ở sảnh ạ.
어 싸잉 아

우체국에서

✈ 가장 가까운 우체국은 어디에 있습니까?

Where is the nearest post office?

Bưu điện gần nhất ở đâu?

브우 디엔 건 녓 어 더우

✈ 우표는 어디서 삽니까?

Where can I buy stamps?

Tôi có thể mua tem ở đâu?

또이 꼬 테 무어 뗌 어 더우

✈ 우체통은 어디에 있나요?

Where is the mailbox?

Thùng thư ở đâu ạ?

퉁 트 어 더우 아

✈ 우체국은 몇 시에 닫습니까?

What time does the post office close?

Mấy giờ thì bưu điện đóng cửa?

머이 져 티 브우 디엔 동 끄어

✈ 이걸 한국으로 부치고 싶습니다.

I'd like to send this to Korea.

Tôi muốn gửi cái này sang Hàn Quốc.

또이 무온 그이 까이 나이 쌍 한 꾸옥

✈ 기념우표를 주세요.

Can I have commemorative stamps?

Cho tôi tem kỷ niệm.

쪼 또이 뗌 끼 니엠

편지를 보낼 때

✈ 이걸 한국으로 보내려면 얼마나 듭니까?

How much would it cost to send this to Korea?

Gửi cái này sang Hàn Quốc mất bao nhiêu tiền?

그이 까이 나이 쌍 한 꾸옥 멋 바오 니에우 띠엔

✈ 속달[등기]로 보내 주세요.

Express[Registered] mail, please.

Hãy gửi cái này bằng chuyến phát nhanh[đảm bảo].

하이 그이 까이 나이 방 쭈옌 팟 냐잉[담 바오]

✈ 이 우편 요금은 얼마입니까?

How much is the postage for this?

Phí bưu điện là bao nhiêu?

피 브우 디엔 라 바오 니에우

✈ 한국에는 언제쯤 도착합니까?

How long will it take to get to Korea?

Khi nào thì tới Hàn Quốc?

키 나오 티 떠이 한 꾸옥

✈ 항공편[선편]으로 부탁합니다.

By air mail[sea mail], please.

Hãy gửi bằng đường hàng không[biển].

하이 그이 방 드엉 항 콩[비엔]

소포를 보낼 때

✈ 이 소포를 한국으로 보내고 싶습니다.

I'd like to send this parcel to Korea.

Tôi muốn gửi bưu phẩm này đến Hàn Quốc.

또이 무온 그이 브우 펌 나이 덴 한 꾸옥

✈ 내용물은 무엇입니까?

What's inside?

Nội dung bên trong là gì?

노이 중 벤 쫑 라 지

✈ 개인적으로 사용하는 것입니다.

My personal items.

Món đồ cá nhân của tôi.

몬 도 까 년 꾸어 또이

✈ 선편이라면 며칠 정도면 한국에 도착합니까?

How long will it take by sea mail to Korea?

Nếu bằng đường biển thì khoảng mấy ngày sẽ đến Hàn Quốc?

네우 방 드엉 비엔 티 쾅 머이 응아이 쎄 덴 한 꾸옥

✈ 깨지기 쉬운 것이 들어 있습니다.

This is fragile.

Bên trong có đồ dễ vỡ.

벤 쫑 꼬 도 제 버

✈ 소포를 보험에 들겠어요.

I'd like to have this parcel insured.

Tôi muốn đăng ký bảo hiểm bưu phẩm.

또이 무온 당 끼 바오 히엠 브우 펌

전화·우편에 관련된 말		
전화	điện thoại	디엔 토아이
공중전화	điện thoại công cộng	디엔 토아이 꽁 꽁
국제전화	điện thoại quốc tế	디엔 토아이 꾸옥 떼
전화번호	số điện thoại	쏘 디엔 토아이
전화부스	bốt điện thoại công cộng	봇 디엔 토아이 꽁 꽁
휴대전화	điện thoại di động	디엔 토아이 지 동
전화번호부	danh bạ điện thoại	자잉 바 디엔 토아이
수화기	ống nghe điện thoại	옹 응에 디엔 토아이
전화카드	thẻ điện thoại	테 디엔 토아이
내선	số nội bộ	쏘 노이 보
컬렉트콜	điện thoại người nghe trả tiền	디엔 토아이 응어이 응에 짜 띠엔
시내통화	điện thoại nội thành	디엔 토아이 노이 타잉
시외통화	điện thoại ngoại thành	디엔 토아이 응오아이 타잉
교환수	điện thoại viên	디엔 토아이 비엔
자동응답전화	máy trả lời tự động	마이 짜 러이 뜨 동
전화를 걸다	gọi điện thoại	고이 디엔 토아이
전화를 받다	nhận điện thoại	년 디엔 토아이
우체국	bưu điện	브우 디엔
편지	thư	트
봉투	phong bì	퐁 비
편지지	giấy viết thư	져이 비엣 트
엽서	bưu thiếp	브우 띠엡
주소	địa chỉ	디아 찌
우체통	thùng thư	퉁 트
등기	bưu phẩm bảo đảm	브우 펌 바오 담
항공편	bằng đường hàng không	방 드엉 항 콩
선편	bằng đường biển	방 드엉 비엔
전보	điện báo	디엔 바오
취급주의	chú ý cẩn thận	쭈 이 껀 턴

트러블

여행트러블에 관한 정보

아플 때

여행을 떠나기 전에 미리 건강상태를 체크해보는 것이 좋다. 건강한 사람이라도 여행 중에는 환경 변화와 피로로 인해 질병을 얻기 쉬우므로 혹시라도 만성적인 질환을 가지고 있다면 검사를 받아보는 것이 안전하다. 외국에서도 우리와 마찬가지로 의사의 처방전 없이는 약을 살 수 없는 경우가 많으므로 간단한 상비약 정도는 준비해두는 것이 좋다. 만성질환이 있는 사람이라면 국내에서 영어로 된 처방전을 받아서 가지고 가는 게 좋다. 만일의 경우 여행지의 의사에게 보이고 처방전을 받아야 할 일이 생길 수도 있기 때문이다.

여권을 분실했을 때

1. 가까운 경찰서에 가서 여권 분실 신고를 하고 여권 분실 확인서를 발급받는다.
2. 현지 공관으로 가서 여권 분실 확인서를 제출하고 단수여권이나 여행 증명서를 발급받는다. 이때 여권용 사진을 2장 제출해야 하므로 여행 시 만약의 사태를 대비해 여분의 사진을 준비하도록 한다.
3. 제3국으로의 여행이 예정되어 있다면 단수여권이나 여행 증명서로 입국할 수 있는지 등을 미리 알아본 후에 일정을 진행하도록 한다.
4. 입국 증명이 되지 않으면 출국할 수 없는 경우도 간혹 있으니 될 수 있으면 입국 증명서나 그에 준하는 확인서류를 준비하도록 한다.
5. 이 모든 과정에 여권 사본이 있으면 처리가 훨씬 쉬우니 여행 전에 반드시 여권 사본을 준비하도록 한다.

항공권을 분실했을 때

해당 항공사의 현지 사무실로 가서 항공권 분실에 대한 Lost Ticket Reissue를 신청해야 하며, 이때 항공사는 항공권 발권지인 서울 사무실로 전문을 보내 Reissue Authorization을 현지에서 받게 된다. 이때 항공권 번호, 발권 연월일, 구간과 발권

사실을 확인하며, 소요되는 기간은 약 1주일 정도이다. 현지에서 항공권을 새로 구입하는 방법도 있는데, 귀국 후에 분실 항공권에 대한 발급확인서를 받고 새로 구입한 항공권의 승객용 티켓과 신분증을 가지고 해당 항공사(본사)에 가면 현금으로 환불받을 수 있으나 이때 소요되는 기간은 약 3개월 정도이다.

여행자수표를 분실했을 때

현지 여행자수표 발행처에 전화하여 분실신고를 하고 절차를 알아보며, 분실증명확인서(Police Report)가 필요한 경우에는 현지 경찰서에 신고하여 받도록 한다. 대개의 경우 REFUND CLAIM 사무소가 각 나라별로 한 도시에 일원화되어 있다.
대개의 경우 분실 경위, 장소, 수표번호 등을 정확히 신고하고 나서 24시간 후에 희망지역의 은행 또는 수표발행처에서 재발급받을 수 있다.
수표에는 반드시 여행자의 서명이 돼 있어야 하며 정확한 수표번호를 알고 있어야 하므로 여행자수표 지참 시에는 반드시 서명과 수표번호를 별도로 기재하여 지참하여야 한다.

수화물을 분실했을 때

공항에서 BAGGAGE CLAIM이라고 쓰여 있는 수하물 분실센터에 가서 신고한다. 신고할 때는 가방의 형태, 크기, 색상 등을 자세히 알려 주어야 한다. 짐을 붙이고 나서 받았던 Baggage Claim Tag(짐표, 화물보관증서)을 제시한다. 화물을 반환받을 투숙 호텔이나 연락처를 기재하며, 다음 여정이 있는 경우에는 여행일정을 알려주고 분실증명서를 받아 화물을 찾지 못했을 경우 보상받기 위해 대비를 해야 한다. 화물을 찾지 못했을 경우에는 화물 운송협약에 의해 보상을 받을 수 있으며, 여행자 보험에 가입했을 경우에는 항공사에서 발행한 분실증명서를 근거로 보상을 받을 수 있다.

UNIT 01

말이 통하지 않을 때

익숙하지 않는 언어로 말하고 있으면, 상대가 하는 말을 알아듣지 못하는 경우가 많습니다. 그 자리의 분위기나 상대에게 신경을 쓴 나머지 자신도 모르게 그만 웃으며 승낙을 하는 경우가 있으므로 결코 알았다는 행동을 취하지 말고 적극적으로 물읍시다. 이야기의 내용을 모를 때는 Tôi không hiểu được. (모르겠습니다.)라고 분명히 말합시다.

나는 ____________ 를 모릅니다.

I can't speak ____________ .

Tôi không biết ____________ .

또이 콩 비엣

□	베트남어	Vietnamese	tiếng Việt	띠엥 비엣
□	영어	English	tiếng Anh	띠엥 아잉
□	한국어	Korean	tiếng Hàn	띠엥 한
□	중국어	Chinese	tiếng Trung Quốc	띠엥 쭝 꾸옥

Q : 베트남어를 할 줄 모릅니다.
I can't speak vietnamese.
Tôi không thể nói tiếng Việt.
또이 콩 테 노이 띠엥 비엣

A : 그거 난처하군요.
That might be a problem.
Việc đó có thể gây ra vấn đề.
비엑 도 꼬 테 거이 자 번 데

베트남어의 이해

베트남어를 할 줄 압니까?

Do you speak vietnamese?

Anh(Chị) có thể nói tiếng Việt không?

아잉(찌) 꼬 테 노이 띠엥 비엣 콩

베트남어는 할 줄 모릅니다.

I can't speak vietnamese.

Tôi không thể nói tiếng Việt.

또이 콩 테 노이 띠엥 비엣

베트남어는 잘 못합니다.

My vietnamese isn't very good.

Tôi nói tiếng Việt không giởi.

또이 노이 띠엥 비엣 콩 져이

베트남어는 압니까?

Do you understand vietnamese?

Anh(Chị) có biết tiếng Việt không?

아잉(찌) 꼬 비엣 띠엥 비엣 콩

영어를 하는 사람은 있습니까?

Does anyone speak English?

Có ai nói tiếng Anh không?

꼬 아이 노이 띠엥 아잉 콩

베트남어로는 설명할 수 없습니다.

I can't explain it in vietnamese.

Tôi không thể giải thích bằng tiếng Việt được.

또이 콩 테 쟈이 띡 방 띠엥 비엣 드억

✈ 통역을 부탁하고 싶은데요.
I need an interpreter.
Tôi muốn nhờ thông dịch.
또이 무온 녀 통 직

✈ 어느 나라 말을 하십니까?
What language do you speak?
Anh(Chị) nói tiếng nước nào?
아잉(찌) 노이 띠엥 느억 나오

✈ 한국어를 하는 사람은 있습니까?
Does anyone speak Korean?
Có ai nói được tiếng Hàn không?
꼬 아이 노이 드억 띠엥 한 콩

✈ 한국어로 쓰인 것은 있습니까?
Do you have any information in Korean?
Có thông tin nào bằng tiếng Hàn không?
꼬 통 띤 나오 방 띠엥 한 콩

✈ 한국어판은 있습니까?
Do you have one in Korean?
Có phiên bản tiếng Hàn không?
꼬 비엔 반 띠엥 한 콩

✈ 한국어 신문은 있습니까?
Do you have any Korean newspapers?
Có tờ báo tiếng Hàn không?
꼬 떠 바오 띠엥 한 콩

베트남어를 못 알아들을 때

천천히 말씀해 주시면 알겠습니다.
I'll understand if you speak slowly.
Nếu anh(chị) nói từ từ cho tôi thì tôi có thể hiểu được.
네우 아잉(찌) 노이 뜨 뜨 쪼 또이 티 또이 꼬 테 히에우 드억

좀 더 천천히 말씀해 주세요.
Speak more slowly, please.
Hãy nói chậm một chút cho tôi.
하이 노이 쩜 못 쭛 쪼 또이

당신이 말하는 것을 모르겠습니다.
I can't understand you.
Tôi không thể hiểu anh(chị) đang nói gì.
또이 콩 테 히에우 아잉(찌) 당 노이 지

그건 무슨 뜻입니까?
What do you mean by that?
Cái đó nghĩa là gì?
까이 도 응이아 라 지

써 주세요.
Write it down, please.
Xin hãy viết ra.
신 하이 비엣 자

여기서는 아무도 한국어를 못합니다.
No one here speaks Korean, sir.
Ở đây không ai có thể nói tiếng Hàn.
어 더이 콩 아이 꼬 테 노이 띠엥 한

UNIT 02

난처할 때

여행지에서 난처한 일이 발생하여 도움을 구하는 필수 표현은 Cứu tôi với!입니다. 하지만 순식간에 난처한 일이 발생했을 때는 입이 얼어 아무 말도 나오지 않는 법입니다. 트러블은 가급적 피하는 게 좋겠지만, 그렇지 못할 때를 대비해서 상대를 제지할 수 있는 최소한의 표현은 반드시 기억해 둡시다.

_______________ 은(는) 어디에 있나요?

Where's the _______________ ?

_______________ ở đâu?

어 더우

□ 화장실	rest room	Nhà vệ sinh	냐 베 신
□ 병원	hospital	Bệnh viện	베잉 비엔
□ 약국	drugstore	Nhà thuốc	냐 투옥
□ 경찰서	police station	Đồn cảnh sát	돈 까잉 쌋

Q : 어떻게 하면 좋을까요?
What should I do?
Tôi không biết phải làm thế nào?
또이 콩 비엣 파이 람 테 나오

A : 도와드리겠습니다.
Well, let me help you.
Vậy thì tôi sẽ giúp anh(chị).
버이 티 또이 쎄 즙 아잉(찌)

난처할 때

✈ 문제가 생겼습니다.

I have a problem.

Tôi có vấn đề.

또이 꼬 번 데

✈ 지금 무척 난처합니다.

I'm in big trouble now.

Tôi có vấn đề lớn.

또이 꼬 번 데 런

✈ 무슨 좋은 방법은 없을까요?

Do you have any suggestions?

Không có cách nào tốt hơn sao?

콩 꼬 까익 나오 뜻 헌 싸오

✈ 어떻게 하면 좋을까요?

What should I do?

Tôi phải làm thế nào?

또이 파이 람 테 나오

✈ 화장실은 어디죠?

Where's the rest room?

Nhà vệ sinh ở đâu?

냐 베 씬 어 더우

✈ 어떻게 해 주십시오.

Do something about this.

Xin hãy giúp tôi.

신 하이 줍 또이

무엇을 원하세요?
What do you want?
Anh(Chị) muốn gì?
아잉(찌) 무온 지

알겠습니다. 다치게만 하지 마세요.
Okay. Don't hurt me.
Được rồi. Đừng làm tôi bị thương.
드억 조이 등 람 또이 비 뜨엉

시키는 대로 할게요.
Whatever you say.
Tôi sẽ làm theo anh(chị) bảo.
또이 쎄 람 테오 아잉(찌) 바오

누구야?
Who are you?
Anh(Chị) là ai?
아잉(찌) 라 아이

가진 돈이 없어요!
I don't have any money.
Tôi không có tiền.
또이 콩 꼬 띠엔

잠깐! 뭘 하는 겁니까?
Hey! What are you doing?
Khoan đã! Anh(Chị) đang làm gì vậy?
콴 다 아잉(찌) 당 람 지 버이

✈ 그만두세요.

Stop it!

Dừng lại đi!

증 라이 디

✈ 만지지 마세요!

Don't touch me!

Đừng động vào tôi!

등 동 바오 또이

✈ 저리 가!

Leave me alone!

Để tôi yên!

데 또이 이엔

✈ 가까이 오지 마세요!

Stay away from me!

Đừng lại gần đây!

등 라이 건 더이

✈ 경찰을 부르겠다!

I'll call the police!

Tôi sẽ gọi cảnh sát!

또이 쎄 고이 까잉 쌋

✈ 도와줘요!

Help!

Cứu tôi với!

끄우 또이 버이

UNIT 03

분실·도난을 당했을 때

여권이나 귀중품을 분실하거나 도난을 당했다면 먼저 호텔의 경비담당이나 경찰에 신고를 하고 도난증명서를 발급받습니다. 이것은 재발행을 신청하거나 보험을 청구할 때 필요하기 때문입니다. 여권의 발행 연월일, 번호, 발행지 등을 수첩에 메모해두고 예비사진 2장도 준비해두는 것이 만약의 경우에 도움이 됩니다.

내 ______________ 을(를) 도난당했습니다.

My ______________ was stolen.

______________ của tôi bị lấy trộm rồi.

꾸어 또이 비 러이 쫌 조이

□	여권	passport	Hộ chiếu	호 찌에우
□	신용카드	credit card	Thẻ tin dụng	테 띤 중
□	여행자수표	traveler's check	Ngân phiếu du lịch	응언 피에우 쥬 릭
□	지갑	wallet	Ví	비

Q : 버스에 물건을 놓고 내렸습니다.

I left something on the bus.

Tôi để quên đồ trên xe buýt rồi.

또이 데 꿴 도 쩬 쎄 뷧 조이

A : 어떤 물건입니까?

What is it?

Món đồ gì vậy?

몬 도 지 버이

분실했을 때

✈ 분실물 취급소는 어디에 있습니까?

Where is the lost and found?

Trung tâm quản lý đồ thất lạc ở đâu?

쭝 떰 꾸안 리 도 텃 락 어 더우

✈ 무엇을 잃어버렸습니까?

What did you lose?

Anh(Chị) đã làm mất gì?

아잉(찌) 다 람 멋 지

✈ 여권을 잃어버렸습니다.

I lost my passport.

Tôi đã làm mất hộ chiếu.

또이 다 람 멋 호 찌에우

✈ 열차 안에 지갑을 두고 내렸습니다.

I left my wallet on the train.

Tôi đã để quên ví trên tàu rồi.

또이 다 데 꿴 비 쩬 따우 조이

✈ 여기서 카메라 못 보셨어요?

Did you see a camera here?

Anh(chị) có thấy camera nào ở đây không?

아잉(찌) 꼬 터이 카메라 나오 어 더이 콩

✈ 어디서 잃어버렸는지 기억이 안 납니다.

I'm not sure where I lost it.

Tôi không nhớ làm mất ở đâu.

또이 콩 녀 람 멋 어 더우

도난당했을 때

✈ 멈춰! 도둑이야!

Stop! Thief!

Dừng lại! Tên trộm!

증 라이 뗀 쫌

✈ 내놔!

Give it back to me!

Trả lại đi!

짜 라이 디

✈ 저놈이 내 가방을 뺏어 갔어요!

He took my bag!

Tên đó đã cướp túi xách của tôi!

뗀 도 다 끄업 뚜이 싸익 꾸어 또이

✈ 지갑을 도둑맞았어요!

I had my wallet stolen!

Tôi đã bị mất cắp ví!

또이 다 비 멋 깝 비

✈ 지갑을 소매치기당했어요!

My wallet was taken by a pickpocket.

Tôi đã bị móc túi cái ví!

또이 다 비 목 뚜이 까이 비

✈ 방에 도둑이 들어왔습니다.

A burglar broke into my room.

Tên trộm vào phòng tôi.

뗀 쫌 바오 퐁 또이

경찰서에서

✈ 경찰서는 어디에 있습니까?

Where's the police station?

Đồn cảnh sát ở đâu vậy ạ?

돈 까잉 쌋 어 더우 버이 아

✈ 경찰에 신고해 주시겠어요?

Will you report it to the police?

Anh(chị) có thể báo với cảnh sát giúp tôi được không?

아잉(찌) 꼬 테 바오 버이 까잉 쌋 즙 또이 드억 콩

✈ 누구에게 알리면 됩니까?

Who should I inform?

Tôi phải báo cho ai?

또이 파이 바오 쪼 아이

✈ 얼굴은 봤나요?

Did you see his face?

Anh(Chị) có nhìn thấy mặt tên trộm không?

아잉(찌) 꼬 닌 터이 맛 뗀 쫌 콩

✈ 경찰에 도난신고서를 내고 싶은데요.

I'd like to report the theft to the police.

Tôi muốn nộp đơn trình báo mất tài sản cho cảnh sát.

또이 무온 놉 던 찐 바오 멋 따이 산 쪼 까잉 쌋

✈ 찾으면 한국으로 보내 주시겠어요?

Could you please send it to Korea when you find it?

Tìm được đồ thì gửi về Hàn Quốc giúp tôi được không?

띰 드억 도 티 그이 베 한 꾸옥 즙 또이 드억 콩

UNIT 04

사고를 당했을 때

사고가 일어나면 먼저 경찰에게 알립니다. 그리고 보험회사, 렌터카 회사에 연락을 취합니다. 당사자인 경우에는 먼저 Xin lỗi.라고 말하면 잘못을 인정하는 꼴이 되어 버립니다. 만일을 위해 해외여행 상해보험은 반드시 들어 둡시다. 보험 청구를 위해서는 사고증명서를 반드시 받아 두어야 합니다.

__________ 을(를) 불러 주세요.

Please call __________ .

Hãy gọi __________ giúp tôi.

하이 고이 __________ 줍 또이

□	경찰	the police	cảnh sát	까잉 쌋
□	구급차	an ambulance	xe cấp cứu	쎄 껍 끄우
□	의사	a doctor	bác sĩ	박 씨
□	안내원	a guide	nhân viên hướng dẫn	년 비엔 흐엉 전

Q : 교통사고를 당했습니다.

I was in a car accident.

Tôi đã bị tai nạn giao thong.

또이 다 비 따이 난 쟈오 통

A : 어디서 말입니까?

Where did it happen?

Xảy ra tai nạn ở đâu ạ?

싸이 자 따이 난 어 더우 아

교통사고를 당했을 때

✈ 큰일 났습니다.

It's an emergency.

Xảy ra tình huống cấp cứu.

싸이 자 띤 후옹 껍 끄우

✈ 교통사고를 당했습니다.

I was in a car accident.

Tôi bị tai nạn giao thong.

또이 비 따이 난 쟈오 통

✈ 친구가 차에 치었습니다.

My friend was hit by a car.

Bạn tôi đã bị ô tô đâm.

반 또이 다 비 오 또 덤

✈ 구급차를 불러 주세요.

Please call an ambulance!

Hãy gọi xe cấp cứu!

하이 고이 쎄 껍 끄우

✈ 다친 사람이 있습니다.

There is an injured person here.

Ở đây có người bị thương.

어 더이 꼬 응어이 비 트엉

✈ 저를 병원으로 데려가 주시겠어요?

Could you take me to a hospital?

Anh(Chị) có thể đưa tôi đến bệnh viện được không?

아잉(찌) 꼬 테 드어 또이 덴 베잉 비엔 드억 콩

교통사고를 내거나 교통위반을 했을 때

✈ 사고를 냈습니다.
I've had an accident.
Tôi đã gây ra tai nạn.
또이 다 거이 자 따이 난

✈ 보험을 들었습니까?
Are you insured?
Anh(Chị) có bảo hiểm không?
아잉(찌) 꼬 바오 히엠 콩

✈ 속도위반입니다.
You were speeding.
Anh(Chị) đã vi phạm tốc độ.
아잉(찌) 다 비 펌 똑 도

✈ 제한속도로 달렸는데요.
I was driving within the speed limit.
Tôi giữ tốc độ giới hạn.
또이 지으 똑 도 져이 한

✈ 렌터카 회사로 연락해 주시겠어요?
Would you contact the car rental company?
Anh(Chị) có thể liên lạc với công ty thuê xe không?
아잉(찌) 꼬 테 리엔 락 버이 꽁 띠 투에 쎄 콩

✈ 사고증명서를 써 주시겠어요?
Will I get a police report?
Anh(Chị) có thể điền vào giấy chứng nhận tai nạn không?
아잉(찌) 꼬 테 디엔 바오 져이 쯩 년 따이 난 콩

사고경위를 진술할 때

도로표지판의 뜻을 몰랐습니다.
I didn't know what that sign said.
Tôi không biết ý nghĩa của biển báo giao thông.
또이 콩 비엣 이 응이아 꾸어 비엔 바오 쟈오 통

제 책임이 아닙니다.
I'm not responsible for it.
Đây không phải là trách nhiệm của tôi.
더이 콩 파이 라 짝 니엠 꾸어 또이

상황이 잘 기억나지 않습니다.
I don't remember what happened.
Tôi không nhớ rõ tình hình.
또이 콩 녀 조 띤 힌

신호를 무시했습니다.
I ignored a signal.
Tôi không thấy tín hiệu giao thông.
또이 콩 터이 띤 히에우 쟈오 통

저야말로 피해자입니다.
I'm the victim.
Tôi chính là người bị hại.
또이 찐 라 응어이 비 하이

여행을 계속해도 되겠습니까?
Can I continue on my way?
Tôi có thể tiếp tục đi du lịch được không?
또이 꼬 테 띠엡 뚝 디 쥬 릭 드억 콩

도와줘요!
Giúp tôi!
쥽 또이
소매치기야!
Tên trộm!
뗀 쫌
잡아라!
Bắt tên đó lại!
밧 뗀 도 라이
날치기다!
Cướp giật!
끄업 젓
빨리 경찰을 불러 주세요!
Hãy gọi cảnh sát nhanh cho tôi!
하이 고이 까잉 쌋 냐잉 쪼 또이

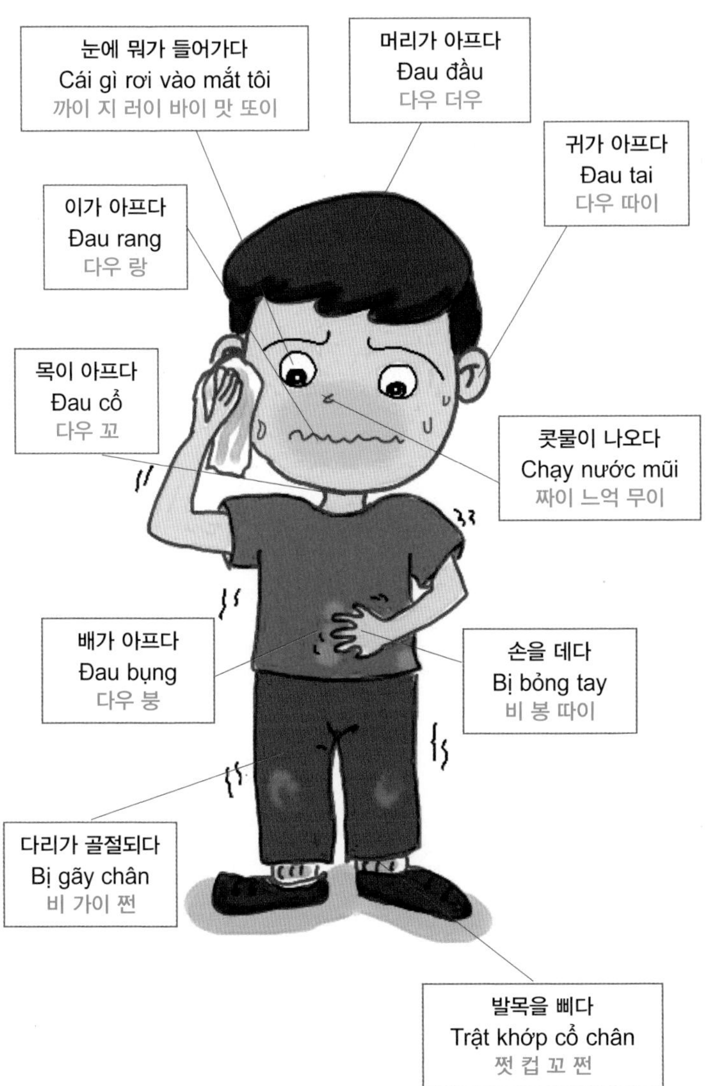
눈에 뭐가 들어가다
Cái gì rơi vào mắt tôi
까이 지 러이 바이 맛 또이
머리가 아프다
Đau đầu
다우 더우
귀가 아프다
Đau tai
다우 따이
이가 아프다
Đau rang
다우 랑
목이 아프다
Đau cổ
다우 꼬
콧물이 나오다
Chạy nước mũi
짜이 느억 무이
배가 아프다
Đau bụng
다우 붕
손을 데다
Bị bỏng tay
비 봉 따이
다리가 골절되다
Bị gãy chân
비 가이 쩐
발목을 삐다
Trật khớp cổ chân
쩟 컵 꼬 쩐

UNIT 05

몸이 아플 때

여행 중에 몸이 아프면 먼저 묵고 있는 호텔의 프런트에 연락을 취하고 호텔 닥터나 호텔의 지정 의사를 소개받습니다. 호텔 이외의 장소에서 몸이 아픈 경우에는 구급차를 부르게 되는데, 의료비도 비싸므로 출발 전에 해외여행 상해보험에 가입해 둡시다. 보험 청구를 위해 치료비의 영수증은 받아 두도록 합시다.

(통증을 말할 때) ________ 니다.
I have a ________ .
Tôi ________ .
또이

- □ 머리가 아픕 headache đau đầu 다우 더우
- □ 배가 아픕 stomachache đau bụng 다우 붕
- □ 목이 아픕 sore throat đau họng 다우 헝
- □ 이가 아픕 toothache đau răng 다우 장

Q : 어디가 아프십니까?
Where does it hurt?
Anh(Chị) bị đau ở đâu?
아잉(찌) 비 다우 어 더우

A : 여기가 아픕니다.
Right here.
Tôi bị đau ở đây.
또이 비 다우 어 더이

병원에 갈 때

✈ **의사를 불러 주세요.**
Please call a doctor.
Xin hãy gọi bác sĩ.
신 하이 고이 박 씨

✈ **의사에게 진찰을 받고 싶은데요.**
I'm here for a doctor's examination.
Tôi muốn được bác sĩ khám bệnh.
또이 무온 드억 박 씨 캄 베잉

✈ **병원으로 데리고 가 주시겠어요?**
Could you take me to a hospital?
Anh(Chị) có thể đưa tôi đến bệnh viện được không?
아잉(찌) 꼬 테 드어 또이 덴 베잉 비엔 드억 콩

✈ **진료 예약은 필요합니까?**
Do I need an appointment to see a doctor?
Tôi có cần đặt trước lịch hẹn khám bệnh không?
또이 꼬 껀 닷 쯔억 릭 헨 캄 베잉 콩

✈ **진료 예약을 하고 싶은데요.**
Can I make an appointment?
Tôi muốn đặt lịch hẹn khám bệnh.
또이 무온 닷 릭 헨 캄 베잉

✈ **한국어를 아는 의사는 있나요?**
Is there a Korean-speaking doctor?
Có bác sĩ nào biết tiếng Hàn Quốc không?
꼬 박 씨 나오 비엣 띠엥 한 꾸옥 콩

몸에 이상이 있을 때

몸이 안 좋습니다.
I don't feel well.
Tôi không được khỏe.
또이 콩 드억 코에

아이 상태가 이상합니다.
Something's wrong with my child.
Trạng thái con tôi không khỏe.
짱 타이 꼰 또이 콩 코에

현기증이 납니다.
I feel dizzy.
Tôi bị chóng mặt.
또이 비 쫑 맛

몸이 나른합니다.
I feel weak.
Tôi đang mệt mỏi rã rời.
또이 당 멧 머이 자 저이

식욕이 없습니다.
I don't have an appetite.
Tôi bị chứng chán ăn.
또이 비 쯩 짠 안

밤에 잠이 안 옵니다.
I can't sleep at night.
Tôi bị mất ngủ buổi đêm.
또이 비 멋 응우 부오이 뎀

증상을 설명할 때

✈ 감기에 걸렸습니다.

I have a cold.

Tôi bị cảm.

또이 비 깜

✈ 감기에 걸린 것 같습니다.

I think I have a cold.

Hình như tôi bị cảm.

힌 느 또이 비 깜

✈ 설사가 심합니다.

I have bad diarrhea.

Tôi bị tiêu chảy rất nặng.

또이 비 띠에우 짜이 젓 낭

✈ 열이 있습니다.

I have a fever.

Tôi bị sốt.

또이 비 쏫

✈ 이건 한국 의사가 쓴 것입니다.

This is from my doctor in Korea.

Đơn thuốc này là do bác sĩ Hàn Quốc của tôi viết.

던 투옥 나이 라 조 박 씨 한 꾸옥 꾸어 또이 비엣

✈ 여기가 아픕니다.

I have a pain here.

Tôi bị đau ở đây.

또이 비 더우 어 더이

잠이 오지 않습니다.
I can't sleep.
Tôi không ngủ được.
또이 콩 응우 드억

구토를 합니다.
I feel nauseous.
Tôi cảm thấy buồn nôn.
또이 깜 터이 부온 논

변비가 있습니다.
I am constipated.
Tôi bị táo bón.
또이 비 따오 본

기침이 납니다.
I have a cough.
Tôi bị ho.
또이 비 호

어제부터입니다.
Since yesterday.
Từ hôm qua.
뜨 홈 꾸아

다쳤습니다.
I've injured myself.
Tôi bị thương rồi.
또이 비 트엉 조이

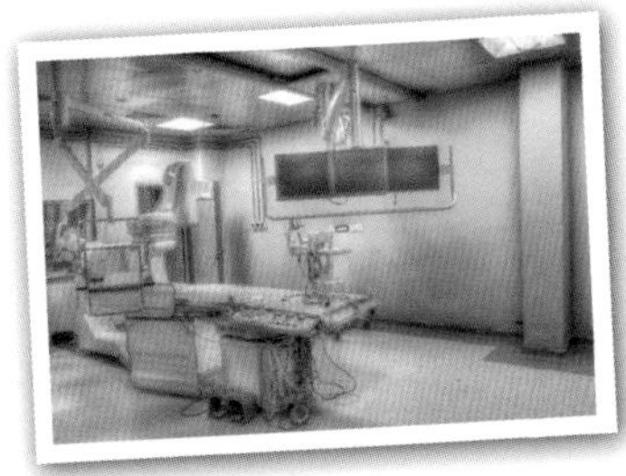

진료를 마치면서

✈ 많이 좋아졌습니다.

I feel much better now.

Tôi khỏe hơn nhiều.

또이 코에 헌 니에우

✈ 진단서를 써 주시겠어요?

Would you give me a medical certificate?

Anh(Chị) có thể viết cho tôi giấy khám bệnh được không?

아잉(찌) 꼬 테 비엣 쪼 또이 져이 캄 베잉 드억 콩

✈ 예정대로 여행을 해도 괜찮겠습니까?

Can I travel as scheduled?

Tôi có thể tiếp tục đi du lịch theo kế hoạch có được không?

또이 꼬 테 띠엡 뚝 디 쥬 릭 테오 께 확 꼬 드억 콩

✈ 며칠 정도 안정이 필요합니까?

How long do I have to stay in bed?

Tôi cần phải nghỉ ngơi mấy ngày?

또이 껀 파이 응이 응어이 머이 응아이

✈ (약국에서) 이 처방전 약을 주세요.

Fill this prescription, please.

Cho tôi thuốc theo đơn thuốc này.

쪼 또이 투옥 테오 던 투옥 나이

✈ 이 약은 어떻게 먹습니까?

How do I take this medicine?

Thuốc này uống thế nào?

투옥 나이 우옹 테 나오

MEMO

귀 국

귀국에 관한 정보

짐 정리

출발하기 전에 맡길 짐과 기내로 갖고 들어갈 짐을 나누어 꾸리고 토산품과 구입한 물건의 품명과 금액 등에 대한 목록을 만들어 두면 좋다.

예약 재확인

귀국할 날이 정해지면 미리 좌석을 예약해 두어야 한다. 또 예약을 해두었을 경우에는 출발 예정 시간의 72시간 이전에 예약 재확인을 해야 한다. 이것은 항공사의 사무소나 공항 카운터에 가든지 아니면 전화로 이름, 연락 전화번호, 편명, 행선지를 말하면 된다. 재확인을 안 하면 예약이 취소되는 경우도 있으므로 주의해야 한다.

체크인

귀국 당일은 출발 2시간 전까지 공항에 미리 나가서 체크인을 마쳐야 한다. 출국절차는 매우 간단하다. 터미널 항공사 카운터에 가서 여권, 항공권, 출입국카드(입국 시 여권에 붙여 놓았던 것)를 제시하면 직원이 출국카드를 떼어 내고 비행기의 탑승권을 준다. 동시에 화물편으로 맡길 짐도 체크인하면 화물 인환증을 함께 주므로 잘 보관해야 한다. 항공권에 공항세가 포함되지 않았을 경우에는 출국 공항세를 지불해야 하는 곳도 있다. 그 뒤는 보안검사, 수화물 X선 검사를 받고 탑승권에 지정되어 있는 탑승구로 가면 된다. 면세품을 사려면 출발 로비의 면세점에서 탑승권을 제시하고 사면 된다.

인천국제공항 입국 안내

도착 여객은 기내에서 배부해 주는 검역 설문지를 작성한다. 도착 중간층인 지상 2층에 위치한 도착 복도를 지나 검역(동·식물 검역 포함)을 받은 후, 내국인은 내국인 전용, 외국인은 외국인 전용 입국심사 데스크를 이용하여 입국심사(여권, 입국신고서, 항공권 제출)를 한다. 도착보안검색의 절차를 거쳐 10개의 수직코아를 이용해 도착 층인 지상 1층의 수하물 수취지역으로 이동하여 수하물을 찾은 후, 세관검사를 거쳐 환영홀로 나가게 된다.

귀국 시 면세 허용

○ 면세통로

- 해외나 국내 면세점에서 구입하여 반입하는 물품 총액이 600달러 이하
- 주류 1병(1리터 이하), 담배 1보루(200개비) ; 단 20세 미만은 제외
- 향수 60ml 이하

○ 신고 검사대

- 면세통과 해당 이외의 물품을 소지한 자
- 통관불허 품목
  - 유해 의약품, 가공처리가 되지 않은 식품
  - 무기류 및 유사제품 등등

UNIT 01

예약 변경·재확인

귀국하는 날짜가 다가오면 비행기 예약을 합니다. 한국에서 떠날 때 예약해 둔 경우에는 미리 전화나 시내의 항공회사 영업소에서 반드시 예약 재확인(tái xác nhận)을 해 두어야 합니다. 공항에는 여유를 가지고 출발 2시간 전에 도착하는 것이 좋습니다.

_____ 편으로 변경하고 싶은데요.

I'd like to change it to _____ flight.

Tôi muốn đổi sang chuyến bay_____ .

또이 무온 도이 쌍 쭈옌 바이

□	오전	morning	buổi sáng	부오이 상
□	오후	afternoon	buổi chiều	부오이 찌에우
□	내일	tomorrow	ngày mai	응아이 마이
□	10월 9일	October 9th	ngày mồng 9 tháng 10	응아이 몽 찐 탕 므어이

Q : 예약 재확인을 부탁합니다.

I would like to make a reconfirmation for my flight.

Tôi muốn xác nhận lại đặt chỗ của mình.

또이 무온 싹 녀 라이 닷 쪼 꾸어 밍

A : 항공권은 가지고 계십니까?

Do you have a ticket?

Anh(Chị) có mang theo vé máy bay không?

아잉(찌) 꼬 망 테오 베 마이 바이 콩

✈ 여보세요. 베트남 항공입니까?
Hello. Is this Vietnam Airlines?
Alo, đô là hãng hàng không Việt Nam ạ?
알로 도 라 항 항 콩 비엣 남 아

✈ 인천행을 예약하고 싶은데요.
I'd like to reserve a seat for Incheon.
Tôi muốn đặt vé đi Incheon.
또이 무온 닷 베 디 인천

✈ 내일 비행기는 예약이 됩니까?
Can you book us on tomorrow's flight?
Có thể đặt vé máy bay ngày mai được không?
꼬 테 닷 베 마이 바이 응아이 마이 드억 콩

✈ 다른 비행기는 없습니까?
Do you have any other flights?
Không còn chuyến bay nào khác ạ?
콩 꼰 쭈옌 바이 나오 칵 아

✈ 편명과 출발 시간을 알려 주십시오.
What is the flight number and departure time?
Vui lòng cho tôi biết số hiệu chuyến bay và thời gian khởi hành.
부이 롱 쪼 또이 비엣 쏘 히에우 쭈옌 바이 바 터이 잔 커이 하잉

✈ 몇 시까지 탑승수속을 하면 됩니까?
By what time should we check in?
Mấy giờ thì được làm thủ tục lên máy bay?
머이 져 티 드억 람 투 뚝 렌 마이 바이

예약 재확인

✈ 예약을 재확인하고 싶은데요.

I'd like to reconfirm my flight.

Tôi muốn xác nhận lại việc đặt chỗ.

또이 무온 싹 녇 라이 비엑 닷 쪼

✈ 성함과 편명을 말씀하십시오.

Your name and flight number, please.

Anh(Chị) hãy nói họ tên và số hiệu chuyến bay ạ.

아잉(찌) 하이 노이 호 뗀 바 쏘 히에우 쭈옌 바이 아

✈ 무슨 편 몇 시 출발입니까?

What's the flight number and the departure time?

Số hiệu máy bay và thời gian khởi hành như thế nào?

쏘 히에우 마이 바이 바 터이 쟌 커이 하잉 느 테 나오

✈ 저는 분명히 예약했습니다.

I definitely made a reservation.

Chắc chắn tôi đã đặt vé rồi.

짝 짠 또이 다 닷 베 조이

✈ 한국에서 예약했는데요.

I reserved my flight in Korea.

Tôi đã đặt vé máy bay ở Hàn Quốc.

또이 다 닷 베 마이 바이 어 한 꾸옥

✈ 즉시 확인해 주십시오.

Please check on it right away.

Hãy xác nhận ngay giúp tôi nhé.

하이 싹 녇 응아이 쥽 또이 녜

예약의 변경과 취소

✈ 비행편을 변경할 수 있습니까?

Can I change my flight?

Tôi có thể thay đổi chuyến bay không?

또이 꼬 테 타이 도이 쭈옌 바이 콩

✈ 어떻게 변경하고 싶습니까?

How do you want to change your flight?

Anh(Chị) muốn thay đổi chuyến bay như thế nào?

아잉(찌) 무온 타이 도이 쭈옌 바이 느 테 나오

✈ 10월 9일로 변경하고 싶습니다.

I'd like to change it to October 9th(ninth).

Tôi muốn đổi sang ngày mồng 9 tháng 10.

또이 무온 도이 쌍 응아이 몽 찐 탕 므어이

✈ 예약을 취소하고 싶은데요.

I'd like to cancel my reservation.

Tôi muốn hủy đặt chỗ.

또이 무온 후이 닷 쪼

✈ 다른 항공사 비행기를 확인해 주세요.

Please check other airlines.

Hãy kiểm tra chuyến bay của hãng hàng không khác.

하이 끼엠 짜 쭈옌 바이 꾸어 항 항 콩 칵

✈ 대기자 명단에 올려 주시겠어요?

Can you put me on the waiting list?

Có thể đưa vào danh sách khách đợi cho tôi không?

꼬 테 드어 바이 잔 싸익 칵 더이 쪼 또이 콩

UNIT 02

탑승과 출국

공항에서는 2시간 전에 체크인하는 것이 바람직합니다. 만일에 문제가 발생했더라도 여유를 가지고 대처할 수 있습니다. 또한 짐이 늘어난 경우에는 초과요금을 지불해야 합니다. 가능하면 초과되지 않는 범위 내에서 짐을 기내로 가지고 가도록 하며, 시간적 여유가 있을 때 사지 못한 선물이 있다면 면세점에서 구입하면 됩니다.

(공항에서) ________________ 어디입니까?

Where is the ________________ ?

________________ ở đâu?

어 더우

□ 대한항공 카운터	Korean Airline counter	Quầy hãng Korean Air	꿔이 항 코리아 에어
□ 아시아나항공 카운터	Asiana Airline counter	Quầy hãng Asiana Airline	꿔이 항 아시아나 에어라인
□ 출발로비	departure lobby	Lobby chuyến bay đi	로비 쭈옌 바이 디
□ 탑승구	boarding gate	Lối lên máy bay	로이 렌 마이 바이

Q : 탑승권을 보여 주십시오.
May I have your ticket?
Xin vui lòng cho xem vé máy bay.
신 부이 롱 쪼 쌤 베 마이 바이

A : 네, 여기 있습니다.
Yes, here it is.
Vâng, đây ạ.
벙 더이 아

공항으로 갈 때

✈ 공항까지 가 주세요.

Take me to the airport, please.

Đưa tôi đến sân bay.

드어 또이 덴 썬 바이

✈ 짐은 몇 개입니까?

How many pieces of baggage?

Có bao nhiêu hành lý ạ?

꼬 바오 니에우 하잉 리 아

✈ 공항까지 어느 정도 걸립니까?

How long will it take to get to the airport?

Đi đến sân bay mất bao lâu?

디 덴 썬 바이 멋 바오 러우

✈ 공항까지 대략 얼마 나옵니까?

What is the approximate fare to the airport?

Phí đi tới sân bay khoảng bao nhiêu?

피 디 떠이 썬 바이 쾅 바오 니에우

✈ 빨리 가 주세요. 지금 늦었습니다.

Please hurry. I'm late, I am afraid.

Hãy đi nhanh, tôi muộn rồi.

하이 디 냐잉 또이 무온 조이

✈ 어느 항공사입니까?

Which airlines?

Hãng hàng không nào vậy?

항 항 콩 나오 버이

물건을 두고 출발했을 때

✈ 기사님, 호텔로 다시 가 주시겠어요?

Driver, would you go back to the hotel?

Tài xe ơi, có thể quay lại khách sạn được không?

따이 쎄 어이 꼬 테 꾸아이 라이 칵 산 드억 콩

✈ 카메라를 호텔에 두고 왔습니다.

I left my camera in the hotel.

Tôi đã để quên máy ảnh ở khách sạn rồi.

또이 다 데 꾸엔 마이 아잉 어 칵 산 조이

✈ 중요한 것을 두고 왔습니다.

I left something very important there.

Tôi đã để quên đồ quý giá ở khách sạn rồi.

또이 다 데 꾸엔 도 뀌 쟈 어 칵 산 조이

✈ 어디에 두었는지 기억합니까?

Do you remember where you left it?

Anh(Chị) có nhớ đã để nó ở đâu không?

아잉(찌) 꼬 녀 다 데 노 어 더우 콩

✈ 서랍에 넣어 두었습니다.

I put it in the drawer.

Tôi đã để vào ngăn kéo rồi.

또이 다 데 바오 응안 깨오 조이

✈ 호텔에 전화를 해야겠군요.

You should call the hotel.

Phải gọi điện thoại về khách sạn.

파이 고이 디엔 토아이 베 칵 산

탑승수속을 할 때

✈ 탑승수속은 어디서 합니까?
Where do I check in?
Làm thủ tục lên máy bay ở đâu?
람 투 뚝 렌 마이 바이 어 더우

✈ 베트남 항공 카운터는 어디입니까?
Where's the Vietnam Airlines counter?
Quầy hãng hàng không Việt Nam ở đâu?
꿔이 항 항 콩 비엣 남 어 더우

✈ 공항세는 있습니까?
Is there an airport tax?
Có thuế sân bay không?
꼬 투에 썬 바이 콩

✈ 앞쪽 자리가 좋겠는데요.
I'd prefer a seat at the front of the plane.
Tôi muốn chỗ ngồi phía trước.
또이 무온 쪼 응오이 피아 쯔억

✈ 통로쪽[창쪽]으로 부탁합니다.
An aisle[A window] seat, please.
Cho tôi chỗ ngồi cạnh lối đi[của sổ] nhé.
쪼 또이 쪼 응오이 까잉 로이 디[끄어 쏘] 녜

✈ 친구와 같은 좌석으로 주세요.
I'd like to sit with my friend.
Cho tôi chỗ ngồi gần bạn tôi.
쪼 또이 쪼 응오이 건 반 또이

수화물을 체크할 때

✈ 맡기실 짐은 있으십니까?

Any baggage to check?

Anh(Chị) có hành lý ký gửi không?

아잉(찌) 꼬 하잉 리 끼 그이 콩

✈ 맡길 짐은 없습니다.

I have no baggage to check.

Tôi không có hành lý ký gửi.

또이 콩 꼬 하잉 리 끼 그이

✈ 그 가방은 맡기시겠습니까?

Are you going to check that bag?

Anh(Chị) có ký gửi túi đó không?

아잉(찌) 꼬 끼 그이 뚜이 도 콩

✈ 이 가방은 기내로 가지고 들어갑니다.

This is a carry-on bag.

Mang túi này lên máy bay.

망 뚜이 나이 렌 마이 바이

✈ 다른 맡기실 짐은 없습니까?

Do you have any other baggage to check?

Không có hành lý nào khác để ký gửi?

콩 꼬 하잉 리 나오 칵 데 끼 그이

✈ (짐은) 그것뿐입니다.

That's all the baggage I have.

Chỉ cái này thôi.

찌 까이 나이 토이

탑승 안내

(탑승권을 보이며) 게이트는 몇 번입니까?
What gate is it?
Cửa số mấy?
끄어 쏘 머이

3번 게이트는 어느 쪽입니까?
Which way is Gate 3(three)?
Cửa số 3 ở phía nào ạ?
끄어 쏘 바 어 피아 나오 아

인천행 탑승 게이트는 여기입니까?
Is this the gate for Incheon?
Đây là cửa lên máy bay đi Incheon phải không?
더이 라 끄어 렌 마이 바이 디 인천 파이 콩

왜 출발이 늦는 겁니까?
Why is the flight delayed?
Tại sao chuyến bay bị hoãn?
따이 싸오 쭈옌 바이 비 호안

탑승은 시작되었습니까?
Has boarding started yet?
Đã bắt đầu lên máy bay chưa?
다 밧 더우 렌 마이 바이 쯔어

방금 인천행 비행기를 놓쳤는데요.
We just missed the flight to Incheon.
Tôi vừa mới lỡ chuyến bay đi Incheon.
또이 브어 머이 로 쭈옌 바이 디 인천

공항면세점에서

✈ 면세점은 어디에 있습니까?
Where is the duty-free shop?
Cửa hàng miễn thuế ở đâu ạ?
끄어 항 미엔 투에 어 더우 아

✈ 면세로 살 수 있나요?
Can I get it tax-free?
Có thể mua cái này với giá miễn thuế không?
꼬 테 무어 까이 나이 버이 쟈 미엔 투에 콩

✈ 시바스리갈 3병 주세요.
I'd like three Chivas Regal.
Cho tôi 3 bình Chivas Regal.
쪼 또이 바 빙 시바스리갈

✈ 탑승권을 보여 주십시오.
Show me your boarding card, please.
Xin vui lòng cho tôi xem vé máy bay.
신 부이 롱 쪼 또이 쎔 베 마이 바이

✈ 한국 돈도 받나요?
Is it possible to pay in Korean won?
Có nhận tiền Hàn Quốc không?
꼬 년 띠엔 한 꾸옥 콩

✈ 여기서 수취할 수 있나요?
Can I get this here?
Tôi có thể nhận ở đây được không?
또이 꼬 테 년 어 더이 드억 콩

귀국 비행기 안에서

입국신고서는 가지고 계십니까?

Do you have an immigration card?

Anh(Chị) có mang theo tờ khai nhập cảnh không?

아잉(찌) 꼬 망 테오 떠 카이 녑 까잉 콩

이것이 세관신고서입니다.

This is the customs declaration form.

Đây là tờ khai hải quan.

더이 라 떠 카이 하이 꾸안

입국카드 작성법을 잘 모르겠습니다.

I'm not sure how to fill out the immigration card.

Tôi không biết cách viết tờ khai nhập cảnh.

또이 콩 비엣 까익 비엣 떠 카이 녑 까잉

입국카드 작성법을 가르쳐 주시겠어요?

Could you explain how to fill out the immigration card to me?

Anh(Chị) có thể chỉ cho tôi cách viết tờ khai nhập cảnh được không?

아잉(찌) 꼬 테 찌 쪼 또이 까익 비엣 떠 카이 녑 까잉 드억 콩

인천에는 언제 도착합니까?

When do we land in Incheon?

Khi nào đến Incheon?

키 나오 덴 인천

제시간에 도착합니까?

Are we arriving on time?

Có thể đến đúng giờ không?

꼬 테 덴 둥 져 콩

가장 알기 쉽게 배우는

바로바로 베트남어 독학 단어장

FL4U컨텐츠 저 | 128*188mm | 324쪽 | 14,000원(본문 mp3 파일 무료 제공)

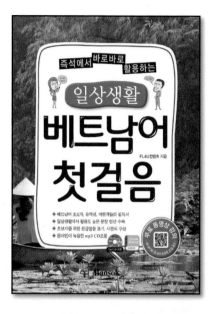

여행자 필수메모

성 명 Name	
생년월일 Date of Birth	
국 적 Nationality	
호 텔 Hotel	
여권번호 Passport No.	
비자번호 Visa No.	
항공기편명 Flight Name	
항공권번호 Air Ticket No.	
신용카드번호 Credit Card No.	
여행자수표번호 Traveler's Check No.	
출발지 Departed from	
목적지 Destination	